UCRANIANO
VOCABULÁRIO

PALAVRAS MAIS ÚTEIS

PORTUGUÊS
UCRANIANO

Para alargar o seu léxico e apurar as suas competências linguísticas

5000 palavras

Vocabulário Português-Ucraniano - 5000 palavras
Por Andrey Taranov

Os vocabulários da T&P Books destinam-se a ajudar a aprender, a memorizar, e a rever palavras estrangeiras. O dicionário é dividido em temas, cobrindo todas as principais esferas de atividades quotidianas, negócios, ciência, cultura, etc.

O processo de aprendizagem, utilizando os dicionários baseados em temáticas da T&P Books dá-lhe as seguintes vantagens:

- Informação de origem corretamente agrupada predetermina o sucesso em fases subsequentes da memorização de palavras
- Disponibilização de palavras derivadas da mesma raiz, o que permite a memorização de unidades de texto (em vez de palavras separadas)
- Pequenas unidades de palavras facilitam o processo de estabelecimento de vínculos associativos necessários para a consolidação do vocabulário
- O nível de conhecimento da língua pode ser estimado pelo número de palavras aprendidas

Copyright © 2024 T&P Books Publishing

Todos os direitos reservados. Nenhuma parte desta publicação pode ser reproduzida, total ou parcialmente, por quaisquer métodos ou processos, sejam eles eletrónicos, mecânicos, de fotocópia ou outros, sem a autorização escrita do editor. Esta publicação não pode ser divulgada, copiada ou distribuída em nenhum formato.

T&P Books Publishing
www.tpbooks.com

Este livro também está disponível em formato E-book.
Por favor visite www.tpbooks.com ou as principais livrarias on-line.

VOCABULÁRIO UCRANIANO
palavras mais úteis

Os vocabulários da T&P Books destinam-se a ajudar a aprender, a memorizar, e a rever palavras estrangeiras. O vocabulário contém mais de 5000 palavras de uso comum organizadas tematicamente.

O vocabulário contém as palavras mais comummente usadas
Recomendado como adicional para qualquer curso de línguas
Satisfaz as necessidades dos iniciados e dos alunos avançados de línguas estrangeiras
Conveniente para o uso diário, sessões de revisão e atividades de auto-teste
Permite avaliar o seu vocabulário

Características especias do vocabulário

- As palavras estão organizadas de acordo com o seu significado, e não por ordem alfabética
- As palavras são apresentadas em três colunas para facilitar os processos de revisão e auto-teste
- As palavras compostas são divididas em pequenos blocos para facilitar o processo de aprendizagem
- O vocabulário oferece uma transcrição simples e adequada de cada palavra estrangeira

O vocabulário contém 155 tópicos incluindo:

Conceitos básicos, Números, Cores, Meses, Estações do ano, Unidades de medida, Roupas & Acessórios, Alimentos & Nutrição, Restaurante, Membros da Família, Parentes, Caráter, Sentimentos, Emoções, Doenças, Cidade, Passeios, Compras, Dinheiro, Casa, Lar, Escritório, Trabalho no Escritório, Importação & Exportação, Marketing, Pesquisa de Emprego, Desportos, Educação, Computador, Internet, Ferramentas, Natureza, Países, Nacionalidades e muito mais ...

TABELA DE CONTEÚDOS

GUIA DE PRONUNCIAçãO	9
ABREVIATURAS	10
CONCEITOS BÁSICOS	11
Conceitos básicos. Parte 1	11
1. Pronomes	11
2. Cumprimentos. Saudações. Despedidas	11
3. Como se dirigir a alguém	12
4. Números cardinais. Parte 1	12
5. Números cardinais. Parte 2	13
6. Números ordinais	14
7. Números. Frações	14
8. Números. Operações básicas	14
9. Números. Diversos	14
10. Os verbos mais importantes. Parte 1	15
11. Os verbos mais importantes. Parte 2	16
12. Os verbos mais importantes. Parte 3	17
13. Os verbos mais importantes. Parte 4	18
14. Cores	18
15. Questões	19
16. Preposições	20
17. Palavras funcionais. Advérbios. Parte 1	20
18. Palavras funcionais. Advérbios. Parte 2	22
Conceitos básicos. Parte 2	24
19. Dias da semana	24
20. Horas. Dia e noite	24
21. Meses. Estações	25
22. Unidades de medida	27
23. Recipientes	28
O SER HUMANO	29
O ser humano. O corpo	29
24. Cabeça	29
25. Corpo humano	30
Vestuário & Acessórios	31
26. Roupa exterior. Casacos	31
27. Vestuário de homem & mulher	31

28. Vestuário. Roupa interior 32
29. Adereços de cabeça 32
30. Calçado 32
31. Acessórios pessoais 33
32. Vestuário. Diversos 33
33. Cuidados pessoais. Cosméticos 34
34. Relógios de pulso. Relógios 35

Alimentação. Nutrição 36

35. Comida 36
36. Bebidas 37
37. Vegetais 38
38. Frutos. Nozes 39
39. Pão. Bolaria 40
40. Pratos cozinhados 40
41. Especiarias 41
42. Refeições 42
43. Por a mesa 43
44. Restaurante 43

Família, parentes e amigos 44

45. Informação pessoal. Formulários 44
46. Membros da família. Parentes 44

Medicina 46

47. Doenças 46
48. Sintomas. Tratamentos. Parte 1 47
49. Sintomas. Tratamentos. Parte 2 48
50. Sintomas. Tratamentos. Parte 3 49
51. Médicos 50
52. Medicina. Drogas. Acessórios 50

HABITAT HUMANO 52
Cidade 52

53. Cidade. Vida na cidade 52
54. Instituições urbanas 53
55. Sinais 54
56. Transportes urbanos 55
57. Turismo 56
58. Compras 57
59. Dinheiro 58
60. Correios. Serviço postal 59

Moradia. Casa. Lar 60

61. Casa. Eletricidade 60

62. Moradia. Mansão	60
63. Apartamento	60
64. Mobiliário. Interior	61
65. Quarto de dormir	62
66. Cozinha	62
67. Casa de banho	63
68. Eletrodomésticos	64

ATIVIDADES HUMANAS	65
Emprego. Negócios. Parte 1	65
69. Escritório. O trabalho no escritório	65
70. Processos negociais. Parte 1	66
71. Processos negociais. Parte 2	67
72. Produção. Trabalhos	68
73. Contrato. Acordo	69
74. Importação & Exportação	70
75. Finanças	70
76. Marketing	71
77. Publicidade	72
78. Banca	72
79. Telefone. Conversação telefónica	73
80. Telefone móvel	74
81. Estacionário	74
82. Tipos de negócios	75

Emprego. Negócios. Parte 2	77
83. Espetáculo. Feira	77
84. Ciência. Investigação. Cientistas	78

Profissões e ocupações	80
85. Procura de emprego. Demissão	80
86. Gente de negócios	80
87. Profissões de serviços	81
88. Profissões militares e postos	82
89. Oficiais. Padres	83
90. Profissões agrícolas	83
91. Profissões artísticas	84
92. Várias profissões	84
93. Ocupações. Estatuto social	86

Educação	87
94. Escola	87
95. Colégio. Universidade	88
96. Ciências. Disciplinas	89
97. Sistema de escrita. Ortografia	89
98. Línguas estrangeiras	90

Descanso. Entretenimento. Viagens	92
99. Viagens	92
100. Hotel	92

EQUIPAMENTO TÉCNICO. TRANSPORTES	94
Equipamento técnico	94
101. Computador	94
102. Internet. E-mail	95
103. Eletricidade	96
104. Ferramentas	96

Transportes	99
105. Avião	99
106. Comboio	100
107. Barco	101
108. Aeroporto	102

Eventos	104
109. Férias. Evento	104
110. Funerais. Enterro	105
111. Guerra. Soldados	105
112. Guerra. Ações militares. Parte 1	106
113. Guerra. Ações militares. Parte 2	108
114. Armas	109
115. Povos da antiguidade	111
116. Idade média	111
117. Líder. Chefe. Autoridades	113
118. Viloação da lei. Criminosos. Parte 1	114
119. Viloação da lei. Criminosos. Parte 2	115
120. Polícia. Lei. Parte 1	116
121. Polícia. Lei. Parte 2	117

NATUREZA	119
A Terra. Parte 1	119
122. Espaço sideral	119
123. A Terra	120
124. Pontos cardeais	121
125. Mar. Oceano	121
126. Nomes de Mares e Oceanos	122
127. Montanhas	123
128. Nomes de montanhas	124
129. Rios	124
130. Nomes de rios	125
131. Floresta	125
132. Recursos naturais	126

A Terra. Parte 2   128

133. Tempo   128
134. Tempo extremo. Catástrofes naturais   129

Fauna   130

135. Mamíferos. Predadores   130
136. Animais selvagens   130
137. Animais domésticos   131
138. Pássaros   132
139. Peixes. Animais marinhos   134
140. Amfíbios. Répteis   134
141. Insetos   135

Flora   136

142. Árvores   136
143. Arbustos   136
144. Frutos. Bagas   137
145. Flores. Plantas   138
146. Cereais, grãos   139

PAÍSES. NACIONALIDADES   140

147. Europa Ocidental   140
148. Europa Central e de Leste   140
149. Países da ex-URSS   141
150. Asia   141
151. América do Norte   142
152. América Central do Sul   142
153. Africa   143
154. Austrália. Oceania   143
155. Cidades   143

GUIA DE PRONUNCIAÇÃO

Letra	Exemplo Ucraniano	Alfabeto fonético T&P	Exemplo Português

Vogais

А а	акт	[a]	chamar
Е е	берет	[e], [ɛ]	mover
Є є	модельєр	[ɛ]	mesquita
И и	ритм	[k]	kiwi
І і	компанія	[i]	sinónimo
Ї ї	поїзд	[ji]	gaseificada
О о	око	[ɔ]	emboço
У у	буря	[u]	bonita
Ю ю	костюм	[ʲu]	nacional
Я я	маяк	[ja], [ʲa]	Himalaias

Consoantes

Б б	бездна	[b]	barril
В в	вікно	[w]	página web
Г г	готель	[ɦ]	agora
Ґ ґ	ґудзик	[g]	gosto
Д д	дефіс	[d]	dentista
Ж ж	жанр	[ʒ]	talvez
З з	зброя	[z]	sésamo
Й й	йти	[j]	géiser
К к	крок	[k]	kiwi
Л л	лев	[l]	libra
М м	мати	[m]	magnólia
Н н	назва	[n]	natureza
П п	приз	[p]	presente
Р р	радість	[r]	riscar
С с	сон	[s]	sanita
Т т	тир	[t]	tulipa
Ф ф	фарба	[f]	safári
Х х	холод	[h]	[h] aspirada
Ц ц	церква	[ʦ]	tsé-tsé
Ч ч	час	[ʧ]	Tchau!
Ш ш	шуба	[ʃ]	mês
Щ щ	щука	[ɕ]	shiatsu
ь	камінь	[ʲ]	sinal suave
ъ	ім'я	[ˀ]	sinal forte

ABREVIATURAS
usadas no vocabulário

Abreviaturas do Português

adj	-	adjetivo
adv	-	advérbio
anim.	-	animado
conj.	-	conjunção
desp.	-	desporto
etc.	-	etecetra
ex.	-	por exemplo
f	-	nome feminino
f pl	-	feminino plural
fem.	-	feminino
inanim.	-	inanimado
m	-	nome masculino
m pl	-	masculino plural
m, f	-	masculino, feminino
masc.	-	masculino
mat.	-	matemática
mil.	-	militar
pl	-	plural
prep.	-	preposição
pron.	-	pronome
sb.	-	sobre
sing.	-	singular
v aux	-	verbo auxiliar
vi	-	verbo intransitivo
vi, vt	-	verbo intransitivo, transitivo
vr	-	verbo reflexivo
vt	-	verbo transitivo

Abreviaturas do Ucraniano

ж	-	nome feminino
мн	-	plural
с	-	neutro
ч	-	nome masculino

CONCEITOS BÁSICOS

Conceitos básicos. Parte 1

1. Pronomes

eu	**я**	[ja]
tu	**ти**	[tɨ]
ele	**він**	[win]
ela	**вона**	[wo'na]
ele, ela (neutro)	**воно**	[wo'nɔ]
nós	**ми**	[mɨ]
vocês	**ви**	[wɨ]
eles, elas	**вони**	[wo'nɨ]

2. Cumprimentos. Saudações. Despedidas

Olá!	**Здрастуй!**	['zdrastuj]
Bom dia! (formal)	**Здрастуйте!**	['zdrastujtɛ]
Bom dia! (de manhã)	**Доброго ранку!**	['dɔbroɦo 'ranku]
Boa tarde!	**Добрий день!**	['dɔbrɨj dɛnʲ]
Boa noite!	**Добрий вечір!**	['dɔbrɨj 'wɛʧir]
cumprimentar (vt)	**вітатися**	[wi'tatɨsʲa]
Olá!	**Привіт!**	[prɨ'wit]
saudação (f)	**привітання** (c)	[prɨwi'tanʲa]
saudar (vt)	**вітати**	[wi'tatɨ]
Como vai?	**Як справи?**	[jak 'sprawɨ]
Como vai?	**Як у вас справи?**	[jak u was 'sprawɨ]
O que há de novo?	**Що нового?**	[ɕo no'wɔɦo]
Até à vista!	**До побачення!**	[do po'baʧɛnʲa]
Até breve!	**До скорої зустрічі!**	[do 'skɔrojɨ 'zustriʧi!]
Adeus! (sing.)	**Прощавай!**	[proɕa'waj]
Adeus! (pl)	**Прощавайте!**	[proɕa'wajtɛ]
despedir-se (vr)	**прощатися**	[pro'ɕatɨsʲa]
Até logo!	**Бувай!**	[bu'waj]
Obrigado! -a!	**Дякую!**	['dʲakuʲu]
Muito obrigado! -a!	**Щиро дякую!**	['ɕɨro 'dʲakuʲu]
De nada	**Будь ласка**	[budʲ 'laska]
Não tem de quê	**Не варто подяки**	[nɛ 'warto po'dʲakɨ]
De nada	**Нема за що**	[nɛ'ma za ɕo]
Desculpa!	**Вибач!**	['wɨbaʧ]
Desculpe!	**Вибачте!**	['wɨbaʧtɛ]

desculpar (vt)	**вибачати**	[wɨba'ʧatɨ]
desculpar-se (vr)	**вибачатися**	[wɨba'ʧatɨsʲa]
As minhas desculpas	**Мої вибачення**	[moɨ 'wɨbaʧɛnʲa]
Desculpe!	**Вибачте!**	['wɨbaʧtɛ]
perdoar (vt)	**вибачати**	[wɨba'ʧatɨ]
por favor	**будь ласка**	[budʲ 'laska]
Não se esqueça!	**Не забудьте!**	[nɛ za'budʲtɛ]
Certamente! Claro!	**Звичайно!**	[zwɨ'ʧajno]
Claro que não!	**Звичайно ні!**	[zwɨ'ʧajno ni]
Está bem! De acordo!	**Згоден!**	['zɦɔdɛn]
Basta!	**Досить!**	['dɔsɨtʲ]

3. Como se dirigir a alguém

senhor	**Пан**	[pan]
senhora	**Пані**	['pani]
rapariga	**Дівчино**	['diwʧɨno]
rapaz	**Хлопче**	['hlɔpʧɛ]
menino	**Хлопчику**	['hlɔpʧɨku]
menina	**Дівчинко**	['diwʧɨnko]

4. Números cardinais. Parte 1

zero	**нуль**	[nulʲ]
um	**один**	[o'dɨn]
dois	**два**	[dwa]
três	**три**	[trɨ]
quatro	**чотири**	[ʧo'tɨrɨ]
cinco	**п'ять**	[pˀʲatʲ]
seis	**шість**	[ʃistʲ]
sete	**сім**	[sim]
oito	**вісім**	['wisim]
nove	**дев'ять**	['dɛwˀʲatʲ]
dez	**десять**	['dɛsʲatʲ]
onze	**одинадцять**	[odɨ'nadʦʲatʲ]
doze	**дванадцять**	[dwa'nadʦʲatʲ]
treze	**тринадцять**	[trɨ'nadʦʲatʲ]
catorze	**чотирнадцять**	[ʧotɨr'nadʦʲatʲ]
quinze	**п'ятнадцять**	[pˀʲat'nadʦʲatʲ]
dezasseis	**шістнадцять**	[ʃist'nadʦʲatʲ]
dezassete	**сімнадцять**	[sim'nadʦʲatʲ]
dezoito	**вісімнадцять**	[wisim'nadʦʲatʲ]
dezanove	**дев'ятнадцять**	[dɛwˀʲat'nadʦʲatʲ]
vinte	**двадцять**	['dwadʦʲatʲ]
vinte e um	**двадцять один**	['dwadʦʲatʲ o'dɨn]
vinte e dois	**двадцять два**	['dwadʦʲatʲ dwa]
vinte e três	**двадцять три**	['dwadʦʲatʲ trɨ]

trinta	тридцять	['tridts'at']
trinta e um	тридцять один	['tridts'at' o'din]
trinta e dois	тридцять два	['tridts'at' dwa]
trinta e três	тридцять три	['tridts'at' tri]
quarenta	сорок	['sɔrok]
quarenta e um	сорок один	['sɔrok o'din]
quarenta e dois	сорок два	['sɔrok dwa]
quarenta e três	сорок три	['sɔrok tri]
cinquenta	п'ятдесят	[p⁷ʲatdɛ'sʲat]
cinquenta e um	п'ятдесят один	[p⁷ʲatdɛ'sʲat o'din]
cinquenta e dois	п'ятдесят два	[p⁷ʲatdɛ'sʲat dwa]
cinquenta e três	п'ятдесят три	[p⁷ʲatdɛ'sʲat tri]
sessenta	шістдесят	[ʃizdɛ'sʲat]
sessenta e um	шістдесят один	[ʃizdɛ'sʲat o'din]
sessenta e dois	шістдесят два	[ʃizdɛ'sʲat dwa]
sessenta e três	шістдесят три	[ʃizdɛ'sʲat tri]
setenta	сімдесят	[simdɛ'sʲat]
setenta e um	сімдесят один	[simdɛ'sʲat odin]
setenta e dois	сімдесят два	[simdɛ'sʲat dwa]
setenta e três	сімдесят три	[simdɛ'sʲat tri]
oitenta	вісімдесят	[wisimdɛ'sʲat]
oitenta e um	вісімдесят один	[wisimdɛ'sʲat o'din]
oitenta e dois	вісімдесят два	[wisimdɛ'sʲat dwa]
oitenta e três	вісімдесят три	[wisimdɛ'sʲat tri]
noventa	дев'яносто	[dɛw⁷ʲa'nɔsto]
noventa e um	дев'яносто один	[dɛw⁷ʲa'nɔsto o'din]
noventa e dois	дев'яносто два	[dɛw⁷ʲa'nɔsto dwa]
noventa e três	дев'яносто три	[dɛw⁷ʲa'nɔsto tri]

5. Números cardinais. Parte 2

cem	сто	[sto]
duzentos	двісті	['dwisti]
trezentos	триста	['trista]
quatrocentos	чотириста	[tʃo'tirista]
quinhentos	п'ятсот	[p⁷ʲa'tsɔt]
seiscentos	шістсот	[ʃist'sɔt]
setecentos	сімсот	[sim'sɔt]
oitocentos	вісімсот	[wisim'sɔt]
novecentos	дев'ятсот	[dɛw⁷ʲa'tsɔt]
mil	тисяча	['tisʲatʃa]
dois mil	дві тисячі	[dwi 'tisʲatʃi]
três mil	три тисячі	[tri 'tisʲatʃi]
dez mil	десять тисяч	['dɛsʲat' 'tisʲatʃ]
cem mil	сто тисяч	[sto 'tisʲatʃ]
um milhão	мільйон (ч)	[milʲ'jɔn]
mil milhões	мільярд (ч)	[mi'ljard]

6. Números ordinais

primeiro	**перший**	['pɛrʃɨj]
segundo	**другий**	['druɦɨj]
terceiro	**третій**	['trɛtij]
quarto	**четвертий**	[ʧɛt'wɛrtɨj]
quinto	**п'ятий**	['pˀʲatɨj]
sexto	**шостий**	['ʃɔstɨj]
sétimo	**сьомий**	['sʲɔmɨj]
oitavo	**восьмий**	['wɔsʲmɨj]
nono	**дев'ятий**	[dɛ'wˀʲatɨj]
décimo	**десятий**	[dɛ'sʲatɨj]

7. Números. Frações

fração (f)	**дріб** (ч)	[drib]
um meio	**одна друга**	[od'na 'druɦa]
um terço	**одна третя**	[od'na 'trɛtʲa]
um quarto	**одна четверта**	[od'na ʧɛt'wɛrta]
um oitavo	**одна восьма**	[od'na 'wɔsʲma]
um décimo	**одна десята**	[od'na dɛ'sʲata]
dois terços	**дві третіх**	[dwi 'trɛtih]
três quartos	**три четвертих**	[trɨ ʧɛt'wɛrtɨh]

8. Números. Operações básicas

subtração (f)	**віднімання** (с)	[widni'manʲa]
subtrair (vi, vt)	**віднімати**	[widni'matɨ]
divisão (f)	**ділення** (с)	['dilɛnʲa]
dividir (vt)	**ділити**	[di'lɨtɨ]
adição (f)	**додавання** (с)	[doda'wanʲa]
somar (vt)	**додати**	[do'datɨ]
adicionar (vt)	**прибавляти**	[prɨbaw'lʲatɨ]
multiplicação (f)	**множення** (с)	['mnɔʒɛnʲa]
multiplicar (vt)	**множити**	['mnɔʒɨtɨ]

9. Números. Diversos

algarismo, dígito (m)	**цифра** (ж)	['ʦɨfra]
número (m)	**число** (с)	[ʧɨs'lɔ]
numeral (m)	**числівник** (ч)	[ʧɨs'liwnɨk]
menos (m)	**мінус** (ч)	['minus]
mais (m)	**плюс** (ч)	[plʲus]
fórmula (f)	**формула** (ж)	['fɔrmula]
cálculo (m)	**обчислення** (с)	[ob'ʧɨslɛnʲa]
contar (vt)	**рахувати**	[rahu'watɨ]

calcular (vt)	**підраховувати**	[pidra'hɔwuwatɨ]
comparar (vt)	**порівнювати**	[po'riwnʲuwatɨ]
Quanto, -os, -as?	**Скільки?**	['skilʲkɨ]
soma (f)	**сума** (ж)	['suma]
resultado (m)	**результат** (ч)	[rɛzulʲ'tat]
resto (m)	**залишок** (ч)	['zalɨʃok]
alguns, algumas ...	**декілька**	['dɛkilʲka]
um pouco de ...	**небагато...**	[nɛba'ɦato]
resto (m)	**решта** (ж)	['rɛʃta]
um e meio	**півтора**	[piwto'ra]
dúzia (f)	**дюжина** (ж)	['dʲuʒɨna]
ao meio	**навпіл**	['nawpil]
em partes iguais	**порівну**	['pɔriwnu]
metade (f)	**половина** (ж)	[polo'wɨna]
vez (f)	**раз** (ч)	[raz]

10. Os verbos mais importantes. Parte 1

abrir (vt)	**відчинити**	[widʧɨ'nɨtɨ]
acabar, terminar (vt)	**закінчувати**	[za'kinʧuwatɨ]
aconselhar (vt)	**радити**	['radɨtɨ]
adivinhar (vt)	**вгадати**	[wɦa'datɨ]
advertir (vt)	**попереджувати**	[popɛ'rɛʤuwatɨ]
ajudar (vt)	**допомагати**	[dopoma'ɦatɨ]
almoçar (vi)	**обідати**	[o'bidatɨ]
alugar (~ um apartamento)	**зняти**	['znʲatɨ]
amar (vt)	**кохати**	[ko'hatɨ]
ameaçar (vt)	**погрожувати**	[poɦ'rɔʒuwatɨ]
anotar (escrever)	**записувати**	[za'pɨsuwatɨ]
apanhar (vt)	**ловити**	[lo'wɨtɨ]
apressar-se (vr)	**поспішати**	[pospi'ʃatɨ]
arrepender-se (vr)	**жалкувати**	[ʒalku'watɨ]
assinar (vt)	**підписувати**	[pid'pɨsuwatɨ]
atirar, disparar (vi)	**стріляти**	[stri'lʲatɨ]
brincar (vi)	**жартувати**	[ʒartu'watɨ]
brincar, jogar (crianças)	**грати**	['ɦratɨ]
buscar (vt)	**шукати**	[ʃu'katɨ]
caçar (vi)	**полювати**	[polʲu'watɨ]
cair (vi)	**падати**	['padatɨ]
cavar (vt)	**рити**	['rɨtɨ]
cessar (vt)	**припиняти**	[prɨpɨ'nʲatɨ]
chamar (~ por socorro)	**кликати**	['klɨkatɨ]
chegar (vi)	**приїжджати**	[prɨjiʑ'ʑatɨ]
chorar (vi)	**плакати**	['plakatɨ]
começar (vt)	**починати**	[poʧɨ'natɨ]
comparar (vt)	**порівнювати**	[po'riwnʲuwatɨ]

compreender (vt)	**розуміти**	[rozu'mitɨ]
concordar (vi)	**погоджуватися**	[po'ɦɔʤuwatɨsʲa]
confiar (vt)	**довіряти**	[dowi'rʲatɨ]

confundir (equivocar-se)	**плутати**	['plutatɨ]
conhecer (vt)	**знати**	['znatɨ]
contar (fazer contas)	**лічити**	[li'ʧitɨ]
contar com (esperar)	**розраховувати на...**	[rozra'hɔwuwatɨ na]
continuar (vt)	**продовжувати**	[pro'dɔwʒuwatɨ]

controlar (vt)	**контролювати**	[kontrolʲu'watɨ]
convidar (vt)	**запрошувати**	[za'prɔʃuwatɨ]
correr (vi)	**бігти**	['biɦtɨ]
criar (vt)	**створити**	[stwo'rɨtɨ]
custar (vt)	**коштувати**	['kɔʃtuwatɨ]

11. Os verbos mais importantes. Parte 2

dar (vt)	**давати**	[da'watɨ]
dar uma dica	**підказати**	[pidka'zatɨ]
decorar (enfeitar)	**прикрашати**	[prɨkra'ʃatɨ]
defender (vt)	**захищати**	[zahɨ'ɕatɨ]
deixar cair (vt)	**упускати**	[upus'katɨ]

descer (para baixo)	**спускатися**	[spus'katɨsʲa]
desculpar (vt)	**вибачати**	[wɨba'ʧatɨ]
desculpar-se (vr)	**вибачатися**	[wɨba'ʧatɨsʲa]
dirigir (~ uma empresa)	**керувати**	[kɛru'watɨ]
discutir (notícias, etc.)	**обговорювати**	[obɦo'wɔrʲuwatɨ]
dizer (vt)	**сказати**	[ska'zatɨ]

duvidar (vt)	**сумніватися**	[sumni'watɨsʲa]
encontrar (achar)	**знаходити**	[zna'hɔditɨ]
enganar (vt)	**обманювати**	[ob'manʲuwatɨ]
entrar (na sala, etc.)	**входити**	['whɔditɨ]
enviar (uma carta)	**відправляти**	[widpraw'lʲatɨ]

errar (equivocar-se)	**помилятися**	[pomɨ'lʲatɨsʲa]
escolher (vt)	**вибирати**	[wɨbɨ'ratɨ]
esconder (vt)	**ховати**	[ho'watɨ]
escrever (vt)	**писати**	[pɨ'satɨ]
esperar (o autocarro, etc.)	**чекати**	[ʧɛ'katɨ]

esperar (ter esperança)	**сподіватися**	[spodi'watɨsʲa]
esquecer (vt)	**забувати**	[zabu'watɨ]
estudar (vt)	**вивчати**	[wɨw'ʧatɨ]
exigir (vt)	**вимагати**	[wɨma'ɦatɨ]
existir (vi)	**існувати**	[isnu'watɨ]

explicar (vt)	**пояснювати**	[po'ʲasnʲuwatɨ]
falar (vi)	**говорити**	[ɦowo'rɨtɨ]
faltar (clases, etc.)	**пропускати**	[propus'katɨ]
fazer (vt)	**робити**	[ro'bɨtɨ]
gabar-se, jactar-se (vr)	**хвалитися**	[hwa'lɨtɨsʲa]

gostar (apreciar)	**подобатися**	[po'dɔbatisʲa]
gritar (vi)	**кричати**	[kri'ʧati]
guardar (cartas, etc.)	**зберігати**	[zbɛri'ɦati]
informar (vt)	**інформувати**	[informu'wati]
insistir (vi)	**наполягати**	[napolʲa'ɦati]
insultar (vt)	**ображати**	[obra'ʒati]
interessar-se (vr)	**цікавитися**	[ʦi'kawitisʲa]
ir (a pé)	**йти**	[jti]
ir nadar	**купатися**	[ku'patisʲa]
jantar (vi)	**вечеряти**	[wɛ'ʧɛrʲati]

12. Os verbos mais importantes. Parte 3

ler (vt)	**читати**	[ʧi'tati]
libertar (cidade, etc.)	**звільняти**	[zwilʲ'nʲati]
matar (vt)	**убивати**	[ubi'wati]
mencionar (vt)	**згадувати**	['zɦaduwati]
mostrar (vt)	**показувати**	[po'kazuwati]
mudar (modificar)	**змінювати**	['zminʲuwati]
nadar (vi)	**плавати**	['plawati]
negar-se a ...	**відмовлятися**	[widmow'lʲatisʲa]
objetar (vt)	**заперечувати**	[zapɛ'rɛʧuwati]
observar (vt)	**спостерігати**	[spostɛri'ɦati]
ordenar (mil.)	**наказувати**	[na'kazuwati]
ouvir (vt)	**чути**	['ʧuti]
pagar (vt)	**платити**	[pla'titi]
parar (vi)	**зупинятися**	[zupi'nʲatisʲa]
participar (vi)	**брати участь**	['brati 'uʧastʲ]
pedir (comida)	**замовляти**	[zamow'lʲati]
pedir (um favor, etc.)	**просити**	[pro'siti]
pegar (tomar)	**брати**	['brati]
pensar (vt)	**думати**	['dumati]
perceber (ver)	**помічати**	[pomi'ʧati]
perdoar (vt)	**прощати**	[pro'ɕati]
perguntar (vt)	**запитувати**	[za'pituwati]
permitir (vt)	**дозволяти**	[dozwo'lʲati]
pertencer a ...	**належати**	[na'lɛʒati]
planear (vt)	**планувати**	[planu'wati]
possuir (vt)	**володіти**	[wolo'diti]
preferir (vt)	**воліти**	[wo'liti]
preparar (vt)	**готувати**	[ɦotu'wati]
prever (vt)	**передбачити**	[pɛrɛd'baʧiti]
prometer (vt)	**обіцяти**	[obi'ʦʲati]
pronunciar (vt)	**вимовляти**	[wimow'lʲati]
propor (vt)	**пропонувати**	[proponu'wati]
punir (castigar)	**покарати**	[poka'rati]

13. Os verbos mais importantes. Parte 4

quebrar (vt)	**ламати**	[la'matɨ]
queixar-se (vr)	**скаржитися**	['skarʒɨtɨsʲa]
querer (desejar)	**хотіти**	[ho'titɨ]
recomendar (vt)	**рекомендувати**	[rɛkomɛndu'watɨ]
repetir (dizer outra vez)	**повторювати**	[pow'tɔrʲuwatɨ]
repreender (vt)	**лаяти**	['laʲatɨ]
reservar (~ um quarto)	**резервувати**	[rɛzɛrwu'watɨ]
responder (vt)	**відповідати**	[widpowi'datɨ]
rezar, orar (vi)	**молитися**	[mo'lɨtɨsʲa]
rir (vi)	**сміятися**	[smi'ʲatɨsʲa]
roubar (vt)	**красти**	['krastɨ]
saber (vt)	**знати**	['znatɨ]
sair (~ de casa)	**виходити**	[wɨ'hɔdɨtɨ]
salvar (vt)	**рятувати**	[rʲatu'watɨ]
seguir ...	**іти слідом**	[i'tɨ 'slidom]
sentar-se (vr)	**сідати**	[si'datɨ]
ser necessário	**бути потрібним**	['butɨ po'tribnɨm]
ser, estar	**бути**	['butɨ]
significar (vt)	**означати**	[ozna'ʧatɨ]
sorrir (vi)	**посміхатися**	[posmi'hatɨsʲa]
subestimar (vt)	**недооцінювати**	[nɛdoo'ʦinʲuwatɨ]
surpreender-se (vr)	**дивуватись**	[dɨwu'watɨsʲ]
tentar (vt)	**пробувати**	['prɔbuwatɨ]
ter (vt)	**мати**	['matɨ]
ter fome	**хотіти їсти**	[ho'titɨ 'jɨstɨ]
ter medo	**боятися**	[bo'ʲatɨsʲa]
ter sede	**хотіти пити**	[ho'titɨ 'pɨtɨ]
tocar (com as mãos)	**торкати**	[tor'katɨ]
tomar o pequeno-almoço	**снідати**	['snidatɨ]
trabalhar (vi)	**працювати**	[praʦʲu'watɨ]
traduzir (vt)	**перекладати**	[pɛrɛkla'datɨ]
unir (vt)	**об'єднувати**	[o'bʔɛdnuwatɨ]
vender (vt)	**продавати**	[proda'watɨ]
ver (vt)	**бачити**	['baʧɨtɨ]
virar (ex. ~ à direita)	**повертати**	[powɛr'tatɨ]
voar (vi)	**летіти**	[lɛ'titɨ]

14. Cores

cor (f)	**колір** (ч)	['kɔlir]
matiz (m)	**відтінок** (ч)	[wid'tinok]
tom (m)	**тон** (ч)	[ton]
arco-íris (m)	**веселка** (ж)	[wɛ'sɛlka]
branco	**білий**	['bilɨj]

preto	**чорний**	['ʧɔrnɨj]
cinzento	**сірий**	['sirɨj]
verde	**зелений**	[zɛ'lɛnɨj]
amarelo	**жовтий**	['ʒɔwtɨj]
vermelho	**червоний**	[ʧɛr'wɔnɨj]
azul	**синій**	['sɨnij]
azul claro	**блакитний**	[bla'kɨtnɨj]
rosa	**рожевий**	[ro'ʒɛwɨj]
laranja	**помаранчевий**	[poma'ranʧɛwɨj]
violeta	**фіолетовий**	[fio'lɛtowɨj]
castanho	**коричневий**	[ko'rɨʧnɛwɨj]
dourado	**золотий**	[zolo'tɨj]
prateado	**сріблястий**	[srib'lʲastɨj]
bege	**бежевий**	['bɛʒɛwɨj]
creme	**кремовий**	['krɛmowɨj]
turquesa	**бірюзовий**	[birʲu'zɔwɨj]
vermelho cereja	**вишневий**	[wɨʃ'nɛwɨj]
lilás	**бузковий**	[buz'kɔwɨj]
carmesim	**малиновий**	[ma'lɨnowɨj]
claro	**світлий**	['switlɨj]
escuro	**темний**	['tɛmnɨj]
vivo	**яскравий**	[jas'krawɨj]
de cor	**кольоровий**	[kolʲo'rɔwɨj]
a cores	**кольоровий**	[kolʲo'rɔwɨj]
preto e branco	**чорно-білий**	['ʧɔrno 'bilɨj]
unicolor	**однобарвний**	[odno'barwnɨj]
multicor	**різнобарвний**	[rizno'barwnɨj]

15. Questões

Quem?	**Хто?**	[hto]
Que?	**Що?**	[ɕo]
Onde?	**Де?**	[dɛ]
Para onde?	**Куди?**	[ku'dɨ]
De onde?	**Звідки?**	['zwidkɨ]
Quando?	**Коли?**	[ko'lɨ]
Para quê?	**Навіщо?**	[na'wiɕo]
Porquê?	**Чому?**	[ʧo'mu]
Para quê?	**Для чого?**	[dlʲa 'ʧɔɦo]
Como?	**Як?**	[jak]
Qual?	**Який?**	[ja'kɨj]
Qual? (entre dois ou mais)	**Котрий?**	[kot'rɨj]
A quem?	**Кому?**	[ko'mu]
Sobre quem?	**Про кого?**	[pro 'kɔɦo]
Do quê?	**Про що?**	[pro ɕo]
Com quem?	**З ким?**	[z kɨm]

Quanto, -os, -as?	Скільки?	['skilʲki]
De quem? (masc.)	Чий?	[tʃij]
De quem é? (fem.)	Чия?	[tʃiˈʲa]
De quem são? (pl)	Чиї?	['tʃiji]

16. Preposições

com (prep.)	з	[z]
sem (prep.)	без	[bɛz]
a, para (exprime lugar)	в	[w]
sobre (ex. falar ~)	про	[pro]
antes de ...	перед	['pɛrɛd]
diante de ...	перед	['pɛrɛd]
sob (debaixo de)	під	[pid]
sobre (em cima de)	над	[nad]
sobre (~ a mesa)	на	[na]
de (vir ~ Lisboa)	з	[z]
de (feito ~ pedra)	з	[z]
dentro de (~ dez minutos)	за	[za]
por cima de ...	через	['tʃɛrɛz]

17. Palavras funcionais. Advérbios. Parte 1

Onde?	Де?	[dɛ]
aqui	тут	[tut]
lá, ali	там	[tam]
em algum lugar	десь	[dɛsʲ]
em lugar nenhum	ніде	[niˈdɛ]
ao pé de ...	біля	['bilʲa]
ao pé da janela	біля вікна	['bilʲa wikˈna]
Para onde?	Куди?	[kuˈdɨ]
para cá	сюди	[sʲuˈdɨ]
para lá	туди	[tuˈdɨ]
daqui	звідси	['zwidsɨ]
de lá, dali	звідти	['zwidtɨ]
perto	близько	['blizʲko]
longe	далеко	[daˈlɛko]
perto de ...	біля	['bilʲa]
ao lado de	поряд	['porʲad]
perto, não fica longe	недалеко	[nɛdaˈlɛko]
esquerdo	лівий	['liwij]
à esquerda	зліва	['zliwa]
para esquerda	ліворуч	[liˈworutʃ]
direito	правий	['prawij]

à direita	**справа**	['sprawa]
para direita	**праворуч**	[pra'wɔrutʃ]
à frente	**спереду**	['spɛrɛdu]
da frente	**передній**	[pɛ'rɛdnij]
em frente (para a frente)	**уперед**	[upɛ'rɛd]
atrás de ...	**позаду**	[po'zadu]
por detrás (vir ~)	**ззаду**	['zzadu]
para trás	**назад**	[na'zad]
meio (m), metade (f)	**середина** (ж)	[sɛ'rɛdɨna]
no meio	**посередині**	[posɛ'rɛdɨni]
de lado	**збоку**	['zbɔku]
em todo lugar	**скрізь**	[skrizʲ]
ao redor (olhar ~)	**навколо**	[naw'kɔlo]
de dentro	**зсередини**	[zsɛ'rɛdɨnɨ]
para algum lugar	**кудись**	[ku'dɨsʲ]
diretamente	**прямо**	['prʲamo]
de volta	**назад**	[na'zad]
de algum lugar	**звідки-небудь**	['zwidkɨ 'nɛbudʲ]
de um lugar	**звідкись**	['zwidkɨsʲ]
em primeiro lugar	**по-перше**	[po 'pɛrʃɛ]
em segundo lugar	**по-друге**	[po 'druɦɛ]
em terceiro lugar	**по-третє**	[po 'trɛtɛ]
de repente	**раптом**	['raptom]
no início	**спочатку**	[spo'tʃatku]
pela primeira vez	**уперше**	[u'pɛrʃɛ]
muito antes de ...	**задовго до...**	[za'dɔwɦo do]
de novo, novamente	**заново**	['zanowo]
para sempre	**назовсім**	[na'zɔwsim]
nunca	**ніколи**	[ni'kɔlɨ]
de novo	**знову**	['znɔwu]
agora	**тепер**	[tɛ'pɛr]
frequentemente	**часто**	['tʃasto]
então	**тоді**	[to'di]
urgentemente	**терміново**	[tɛrmi'nɔwo]
usualmente	**звичайно**	[zwɨ'tʃajno]
a propósito, ...	**до речі,...**	[do 'rɛtʃi]
é possível	**можливо**	[moʒ'lɨwo]
provavelmente	**мабуть**	[ma'butʲ]
talvez	**може бути**	['mɔʒɛ 'butɨ]
além disso, ...	**крім того,...**	[krim 'tɔɦo]
por isso ...	**тому**	['tomu]
apesar de ...	**незважаючи на...**	[nɛzwa'ʒaʲutʃɨ na]
graças a ...	**завдяки...**	[zawdʲa'kɨ]
que (pron.)	**що**	[ɕo]
que (conj.)	**що**	[ɕo]

algo	**щось**	[ɕosʲ]
alguma coisa	**що-небудь**	[ɕo 'nɛbudʲ]
nada	**нічого**	[ni'ʧɔɦo]
quem	**хто**	[hto]
alguém (~ teve uma ideia ...)	**хтось**	[htosʲ]
alguém	**хто-небудь**	[hto 'nɛbudʲ]
ninguém	**ніхто**	[nih'tɔ]
para lugar nenhum	**нікуди**	['nikudɨ]
de ninguém	**нічий**	[ni'ʧɨj]
de alguém	**чий-небудь**	[ʧɨj 'nɛbudʲ]
tão	**так**	[tak]
também (gostaria ~ de ...)	**також**	[ta'kɔʒ]
também (~ eu)	**теж**	[tɛʒ]

18. Palavras funcionais. Advérbios. Parte 2

Porquê?	**Чому?**	[ʧo'mu]
por alguma razão	**чомусь**	[ʧo'musʲ]
porque ...	**тому, що...**	['tomu, ɕo ...]
por qualquer razão	**навіщось**	[na'wiɕosʲ]
e (tu ~ eu)	**і**	[i]
ou (ser ~ não ser)	**або**	[a'bɔ]
mas (porém)	**але**	[a'lɛ]
para (~ a minha mãe)	**для**	[dlʲa]
demasiado, muito	**занадто**	[za'nadto]
só, somente	**тільки**	['tilʲkɨ]
exatamente	**точно**	['tɔʧno]
cerca de (~ 10 kg)	**близько**	['blɨzʲko]
aproximadamente	**приблизно**	[prɨb'lɨzno]
aproximado	**приблизний**	[prɨb'lɨznɨj]
quase	**майже**	['majʒɛ]
resto (m)	**решта** (ж)	['rɛʃta]
o outro (segundo)	**інший**	['inʃɨj]
outro	**інший**	['inʃɨj]
cada	**кожен**	['kɔʒɛn]
qualquer	**будь-який**	[budʲ ja'kɨj]
muitos, muitas	**багато**	[ba'ɦato]
muito	**багато**	[ba'ɦato]
muito	**багато**	[ba'ɦato]
muitas pessoas	**багато хто**	[ba'ɦato hto]
todos	**всі**	[wsi]
em troca de ...	**в обмін на...**	[w 'ɔbmin na]
em troca	**натомість**	[na'tɔmistʲ]
à mão	**вручну**	[wruʧ'nu]
pouco provável	**навряд чи**	[naw'rʲad ʧɨ]
provavelmente	**мабуть**	[ma'butʲ]

de propósito	**навмисно**	[naw'mɨsno]
por acidente	**випадково**	[wɨpad'kɔwo]
muito	**дуже**	['duʒɛ]
por exemplo	**наприклад**	[na'prɨklad]
entre	**між**	[miʒ]
entre (no meio de)	**серед**	['sɛrɛd]
tanto	**стільки**	['stilʲkɨ]
especialmente	**особливо**	[osob'lɨwo]

Conceitos básicos. Parte 2

19. Dias da semana

segunda-feira (f)	**понеділок** (ч)	[ponɛ'dilok]
terça-feira (f)	**вівторок** (ч)	[wiw'tɔrok]
quarta-feira (f)	**середа** (ж)	[sɛrɛ'da]
quinta-feira (f)	**четвер** (ч)	[ʧɛt'wɛr]
sexta-feira (f)	**п'ятниця** (ж)	['pʔʲatnɨʦʲa]
sábado (m)	**субота** (ж)	[su'bɔta]
domingo (m)	**неділя** (ж)	[nɛ'dilʲa]
hoje	**сьогодні**	[sʲo'ɦɔdni]
amanhã	**завтра**	['zawtra]
depois de amanhã	**післязавтра**	[pislʲa'zawtra]
ontem	**вчора**	['wʧɔra]
anteontem	**позавчора**	[pozaw'ʧɔra]
dia (m)	**день** (ч)	[dɛnʲ]
dia (m) de trabalho	**робочий день** (ч)	[ro'bɔʧɨj dɛnʲ]
feriado (m)	**святковий день** (ч)	[swʲat'kɔwɨj dɛnʲ]
dia (m) de folga	**вихідний день** (ч)	[wɨhid'nɨj dɛnʲ]
fim (m) de semana	**вихідні** (мн)	[wɨhid'ni]
o dia todo	**весь день**	[wɛsʲ dɛnʲ]
no dia seguinte	**на наступний день**	[na na'stupnɨj dɛnʲ]
há dois dias	**2 дні тому**	[dwa dni 'tɔmu]
na véspera	**напередодні**	[napɛrɛ'dɔdni]
diário	**щоденний**	[ɕo'dɛnɨj]
todos os dias	**щодня**	[ɕod'nʲa]
semana (f)	**тиждень** (ч)	['tɨʒdɛnʲ]
na semana passada	**на минулому тижні**	[na mɨ'nulomu 'tɨʒni]
na próxima semana	**на наступному тижні**	[na na'stupnomu 'tɨʒni]
semanal	**щотижневий**	[ɕotɨʒ'nɛwɨj]
cada semana	**щотижня**	[ɕo'tɨʒnʲa]
duas vezes por semana	**два рази на тиждень**	[dwa 'razɨ na 'tɨʒdɛnʲ]
cada terça-feira	**кожен вівторок**	['kɔʒɛn wiw'tɔrok]

20. Horas. Dia e noite

manhã (f)	**ранок** (ч)	['ranok]
de manhã	**вранці**	['wranʦi]
meio-dia (m)	**полудень** (ч)	['pɔludɛnʲ]
à tarde	**після обіду**	['pislʲa o'bidu]
noite (f)	**вечір** (ч)	['wɛʧir]
à noite (noitinha)	**увечері**	[u'wɛʧɛri]

noite (f)	**ніч** (ж)	[nitʃ]
à noite	**уночі**	[uno'tʃi]
meia-noite (f)	**північ** (ж)	['piwnitʃ]
segundo (m)	**секунда** (ж)	[sɛ'kunda]
minuto (m)	**хвилина** (ж)	[hwɨ'lɨna]
hora (f)	**година** (ж)	[ɦo'dɨna]
meia hora (f)	**півгодини** (мн)	[piwɦo'dɨnɨ]
quarto (m) de hora	**чверть** (ж) **години**	[tʃwɛrtʲ ɦo'dɨnɨ]
quinze minutos	**15 хвилин**	[pʔʲat'nadtsʲatʲ hwɨ'lɨn]
vinte e quatro horas	**доба** (ж)	[do'ba]
nascer (m) do sol	**схід** (ч) **сонця**	[shid 'sɔntsʲa]
amanhecer (m)	**світанок** (ч)	[swi'tanok]
madrugada (f)	**ранній ранок** (ч)	['ranij 'ranok]
pôr do sol (m)	**захід** (ч)	['zahid]
de madrugada	**рано вранці**	['rano 'wrantsi]
hoje de manhã	**сьогодні вранці**	[sʲo'ɦɔdni 'wrantsi]
amanhã de manhã	**завтра вранці**	['zawtra 'wrantsi]
hoje à tarde	**сьогодні вдень**	[sʲo'ɦɔdni wdɛnʲ]
à tarde	**після обіду**	['pislʲa o'bidu]
amanhã à tarde	**завтра після обіду**	['zawtra 'pislʲa o'bidu]
hoje à noite	**сьогодні увечері**	[sʲo'ɦɔdni u'wɛtʃɛri]
amanhã à noite	**завтра увечері**	['zawtra u'wɛtʃɛri]
às três horas em ponto	**рівно о третій годині**	['riwno o t'rɛtij ɦo'dɨni]
por volta das quatro	**біля четвертої години**	['bilʲa tʃɛt'wɛrtojɨ ɦo'dɨnɨ]
às doze	**до дванадцятої години**	[do dwa'nadtsʲatojɨ ɦo'dɨnɨ]
dentro de vinte minutos	**за двадцять хвилин**	[za 'dwadtsʲatʲ hwɨ'lɨn]
dentro duma hora	**за годину**	[za ɦo'dɨnu]
a tempo	**вчасно**	['wtʃasno]
menos um quarto	**без чверті**	[bɛz 'tʃwɛrti]
durante uma hora	**протягом години**	['prɔtʲaɦom ɦo'dɨnɨ]
a cada quinze minutos	**кожні п'ятнадцять хвилин**	['kɔʒni pʔʲat'nadtsʲatʲ hwɨ'lɨn]
as vinte e quatro horas	**цілодобово**	[tsilodo'bɔwo]

21. Meses. Estações

janeiro (m)	**січень** (ч)	['sitʃɛnʲ]
fevereiro (m)	**лютий** (ч)	['lʲutɨj]
março (m)	**березень** (ч)	['bɛrɛzɛnʲ]
abril (m)	**квітень** (ч)	['kwitɛnʲ]
maio (m)	**травень** (ч)	['trawɛnʲ]
junho (m)	**червень** (ч)	['tʃɛrwɛnʲ]
julho (m)	**липень** (ч)	['lɨpɛnʲ]
agosto (m)	**серпень** (ч)	['sɛrpɛnʲ]
setembro (m)	**вересень** (ч)	['wɛrɛsɛnʲ]
outubro (m)	**жовтень** (ч)	['ʒɔwtɛnʲ]

novembro (m)	**листопад** (ч)	[listo'pad]
dezembro (m)	**грудень** (ч)	['ɦrudɛnʲ]
primavera (f)	**весна** (ж)	[wɛs'na]
na primavera	**навесні**	[nawɛs'ni]
primaveril	**весняний**	[wɛs'nʲanij]
verão (m)	**літо** (с)	['lito]
no verão	**влітку**	['wlitku]
de verão	**літній**	['litnij]
outono (m)	**осінь** (ж)	['ɔsinʲ]
no outono	**восени**	[wosɛ'ni]
outonal	**осінній**	[o'sinij]
inverno (m)	**зима** (ж)	[zi'ma]
no inverno	**взимку**	['wzimku]
de inverno	**зимовий**	[zi'mɔwij]
mês (m)	**місяць** (ч)	['misʲaʦ]
este mês	**в цьому місяці**	[w ʦʲomu 'misʲaʦi]
no próximo mês	**в наступному місяці**	[w na'stupnomu 'misʲaʦi]
no mês passado	**в минулому місяці**	[w mi'nulomu 'misʲaʦi]
há um mês	**місяць тому**	['misʲaʦ 'tomu]
dentro de um mês	**через місяць**	['ʧɛrɛz 'misʲaʦ]
dentro de dois meses	**через 2 місяці**	['ʧɛrɛz dwa 'misʲaʦi]
todo o mês	**весь місяць**	[wɛsʲ 'misʲaʦ]
um mês inteiro	**цілий місяць**	['ʦilij 'misʲaʦ]
mensal	**щомісячний**	[ɕo'misʲaʧnij]
mensalmente	**щомісяця**	[ɕo'misʲaʦʲa]
cada mês	**кожний місяць**	['kɔʒnij 'misʲaʦ]
duas vezes por mês	**два рази на місяць**	[dwa 'razi na 'misʲaʦ]
ano (m)	**рік** (ч)	[rik]
este ano	**в цьому році**	[w ʦʲomu 'rɔʦi]
no próximo ano	**в наступному році**	[w na'stupnomu 'rɔʦi]
no ano passado	**в минулому році**	[w mi'nulomu 'rɔʦi]
há um ano	**рік тому**	[rik 'tɔmu]
dentro dum ano	**через рік**	['ʧɛrɛz rik]
dentro de 2 anos	**через два роки**	['ʧɛrɛz dwa 'rɔki]
todo o ano	**увесь рік**	[u'wɛsʲ rik]
um ano inteiro	**цілий рік**	['ʦilij rik]
cada ano	**кожен рік**	['kɔʒɛn 'rik]
anual	**щорічний**	[ɕo'riʧnij]
anualmente	**щороку**	[ɕo'rɔku]
quatro vezes por ano	**чотири рази на рік**	[ʧo'tiri 'razi na rik]
data (~ de hoje)	**число** (с)	[ʧis'lɔ]
data (ex. ~ de nascimento)	**дата** (ж)	['data]
calendário (m)	**календар** (ч)	[kalɛn'dar]
meio ano	**півроку**	[piw'rɔku]
seis meses	**півріччя** (с)	[piw'riʧʲa]

estação (f)	**сезон** (ч)	[sɛ'zɔn]
século (m)	**вік** (ч)	[wik]

22. Unidades de medida

peso (m)	**вага** (ж)	[wa'ɦa]
comprimento (m)	**довжина** (ж)	[dowʒɨ'na]
largura (f)	**ширина** (ж)	[ʃɨrɨ'na]
altura (f)	**висота** (ж)	[wɨsɔ'ta]
profundidade (f)	**глибина** (ж)	[ɦlɨbɨ'na]
volume (m)	**об'єм** (ч)	[o'bʔɛm]
área (f)	**площа** (ж)	['plɔɕa]
grama (m)	**грам** (ч)	[ɦram]
miligrama (m)	**міліграм** (ч)	[mili'ɦram]
quilograma (m)	**кілограм** (ч)	[kilo'ɦram]
tonelada (f)	**тонна** (ж)	['tɔna]
libra (453,6 gramas)	**фунт** (ч)	['funt]
onça (f)	**унція** (ж)	['unʦiʲa]
metro (m)	**метр** (ч)	[mɛtr]
milímetro (m)	**міліметр** (ч)	[mili'mɛtr]
centímetro (m)	**сантиметр** (ч)	[santɨ'mɛtr]
quilómetro (m)	**кілометр** (ч)	[kilo'mɛtr]
milha (f)	**миля** (ж)	['mɨlʲa]
polegada (f)	**дюйм** (ч)	[dʲujm]
pé (304,74 mm)	**фут** (ч)	[fut]
jarda (914,383 mm)	**ярд** (ч)	[jard]
metro (m) quadrado	**квадратний метр** (ч)	[kwad'ratnɨj mɛtr]
hectare (m)	**гектар** (ч)	[ɦɛk'tar]
litro (m)	**літр** (ч)	[litr]
grau (m)	**градус** (ч)	['ɦradus]
volt (m)	**вольт** (ч)	[wolʲt]
ampere (m)	**ампер** (ч)	[am'pɛr]
cavalo-vapor (m)	**кінська сила** (ж)	['kinsʲka 'sɨla]
quantidade (f)	**кількість** (ж)	['kilʲkistʲ]
um pouco de ...	**небагато...**	[nɛba'ɦato]
metade (f)	**половина** (ж)	[polo'wɨna]
dúzia (f)	**дюжина** (ж)	['dʲuʒɨna]
peça (f)	**штука** (ж)	['ʃtuka]
dimensão (f)	**розмір** (ч)	['rɔzmir]
escala (f)	**масштаб** (ч)	[masʃ'tab]
mínimo	**мінімальний**	[mini'malʲnɨj]
menor, mais pequeno	**найменший**	[naj'mɛnʃɨj]
médio	**середній**	[sɛ'rɛdnij]
máximo	**максимальний**	[maksɨ'malʲnɨj]
maior, mais grande	**найбільший**	[naj'bilʲʃɨj]

23. Recipientes

boião (m) de vidro	**банка** (ж)	['banka]
lata (~ de cerveja)	**банка** (ж)	['banka]
balde (m)	**відро** (с)	[wid'rɔ]
barril (m)	**бочка** (ж)	['bɔʧka]
bacia (~ de plástico)	**таз** (ч)	[taz]
tanque (m)	**бак** (ч)	[bak]
cantil (m) de bolso	**фляжка** (ж)	['flʲaʒka]
bidão (m) de gasolina	**каністра** (ж)	[ka'nistra]
cisterna (f)	**цистерна** (ж)	[ʦɨs'tɛrna]
caneca (f)	**кухоль** (ч)	['kuholʲ]
chávena (f)	**чашка** (ж)	['ʧaʃka]
pires (m)	**блюдце** (с)	['blʲudʦɛ]
copo (m)	**склянка** (ж)	['sklʲanka]
taça (f) de vinho	**келих** (ч)	['kɛlɨh]
panela, caçarola (f)	**каструля** (ж)	[kas'trulʲa]
garrafa (f)	**пляшка** (ж)	['plʲaʃka]
gargalo (m)	**горлечко**	['ɦɔrlɛʧko]
jarro, garrafa (f)	**карафа** (ж)	[ka'rafa]
jarro (m) de barro	**глечик** (ч)	['ɦlɛʧɨk]
recipiente (m)	**посудина** (ж)	[po'sudɨna]
pote (m)	**горщик** (ч)	['ɦɔrɕɨk]
vaso (m)	**ваза** (ж)	['waza]
frasco (~ de perfume)	**флакон** (ч)	[fla'kɔn]
frasquinho (ex. ~ de iodo)	**пляшечка** (ж)	['plʲaʃɛʧka]
tubo (~ de pasta dentífrica)	**тюбик** (ч)	['tʲubɨk]
saca (ex. ~ de açúcar)	**мішок** (ч)	[mi'ʃɔk]
saco (~ de plástico)	**пакет** (ч)	[pa'kɛt]
maço (m)	**пачка** (ж)	['paʧka]
caixa (~ de sapatos, etc.)	**коробка** (ж)	[ko'rɔbka]
caixa (~ de madeira)	**ящик** (ч)	['ʲaɕɨk]
cesta (f)	**кошик** (ч)	['kɔʃɨk]

O SER HUMANO

O ser humano. O corpo

24. Cabeça

cabeça (f)	**голова** (ж)	[ɦolo'wa]
cara (f)	**обличчя** (с)	[ob'lɨtʃʲa]
nariz (m)	**ніс** (ч)	[nis]
boca (f)	**рот** (ч)	[rot]
olho (m)	**око** (с)	['ɔko]
olhos (m pl)	**очі** (мн)	['ɔtʃi]
pupila (f)	**зіниця** (ж)	[zi'nɨtsʲa]
sobrancelha (f)	**брова** (ж)	[bro'wa]
pestana (f)	**вія** (ж)	['wiʲa]
pálpebra (f)	**повіка** (ж)	[po'wika]
língua (f)	**язик** (ч)	[ja'zɨk]
dente (m)	**зуб** (ч)	[zub]
lábios (m pl)	**губи** (мн)	['ɦubɨ]
maçãs (f pl) do rosto	**вилиці** (мн)	['wɨlɨtsi]
gengiva (f)	**ясна** (мн)	['ʲasna]
palato (m)	**піднебіння** (с)	[pidnɛ'binʲa]
narinas (f pl)	**ніздрі** (мн)	['nizdri]
queixo (m)	**підборіддя** (с)	[pidbo'riddʲa]
mandíbula (f)	**щелепа** (ж)	[ɕɛ'lɛpa]
bochecha (f)	**щока** (ж)	[ɕo'ka]
testa (f)	**чоло** (с)	[tʃo'lɔ]
têmpora (f)	**скроня** (ж)	['skrɔnʲa]
orelha (f)	**вухо** (с)	['wuho]
nuca (f)	**потилиця** (ж)	[po'tɨlɨtsʲa]
pescoço (m)	**шия** (ж)	['ʃɨʲa]
garganta (f)	**горло** (с)	['ɦɔrlo]
cabelos (m pl)	**волосся** (с)	[wo'lɔssʲa]
penteado (m)	**зачіска** (ж)	['zatʃiska]
corte (m) de cabelo	**стрижка** (ж)	['strɨʒka]
peruca (f)	**парик** (ч)	[pa'rɨk]
bigode (m)	**вуса** (мн)	['wusa]
barba (f)	**борода** (ж)	[boro'da]
usar, ter (~ barba, etc.)	**носити**	[no'sɨtɨ]
trança (f)	**коса** (ж)	[ko'sa]
suíças (f pl)	**бакенбарди** (мн)	[bakɛn'bardɨ]
ruivo	**рудий**	[ru'dɨj]
grisalho	**сивий**	['sɨwɨj]

calvo	**лисий**	['lɨsɨj]
calva (f)	**лисина** (ж)	['lɨsɨna]
rabo-de-cavalo (m)	**хвіст** (ч)	[hwist]
franja (f)	**чубчик** (ч)	['ʧubʧɨk]

25. Corpo humano

mão (f)	**кисть** (ж)	[kɨstʲ]
braço (m)	**рука** (ж)	[ru'ka]
dedo (m)	**палець** (ч)	['palɛʦ]
dedo (m) do pé	**палець**	['palɛʦʲ]
polegar (m)	**великий палець** (ч)	[wɛ'lɨkɨj 'palɛʦ]
dedo (m) mindinho	**мізинець** (ч)	[mi'zɨnɛʦ]
unha (f)	**ніготь** (ч)	['niɦotʲ]
punho (m)	**кулак** (ч)	[ku'lak]
palma (f) da mão	**долоня** (ж)	[do'lɔnʲa]
pulso (m)	**зап'ясток** (ч)	[za'pʔʲastok]
antebraço (m)	**передпліччя** (с)	[pɛrɛdp'liʧʲa]
cotovelo (m)	**лікоть** (ч)	['likotʲ]
ombro (m)	**плече** (с)	[plɛ'ʧɛ]
perna (f)	**гомілка** (ж)	[ɦo'milka]
pé (m)	**ступня** (ж)	[stup'nʲa]
joelho (m)	**коліно** (с)	[ko'lino]
barriga (f) da perna	**литка** (ж)	['lɨtka]
anca (f)	**стегно** (с)	[stɛɦ'nɔ]
calcanhar (m)	**п'ятка** (ж)	['pʔʲatka]
corpo (m)	**тіло** (с)	['tilo]
barriga (f)	**живіт** (ч)	[ʒɨ'wit]
peito (m)	**груди** (мн)	['ɦrudɨ]
seio (m)	**груди** (мн)	['ɦrudɨ]
lado (m)	**бік** (ч)	[bik]
costas (f pl)	**спина** (ж)	['spɨna]
região (f) lombar	**поперек** (ч)	[popɛ'rɛk]
cintura (f)	**талія** (ж)	['talʲʲa]
umbigo (m)	**пупок** (ч)	[pu'pɔk]
nádegas (f pl)	**сідниці** (мн)	[sid'nɨʦi]
traseiro (m)	**зад** (ч)	[zad]
sinal (m)	**родимка** (ж)	['rɔdɨmka]
sinal (m) de nascença	**родима пляма** (ж)	[ro'dɨma 'plʲama]
tatuagem (f)	**татуювання** (с)	[tatuʲu'wanʲa]
cicatriz (f)	**рубець** (ч)	[ru'bɛʦ]

Vestuário & Acessórios

26. Roupa exterior. Casacos

roupa (f)	**одяг** (ч)	['ɔdʲaɦ]
roupa (f) exterior	**верхній одяг** (ч)	['wɛrhnij 'ɔdʲaɦ]
roupa (f) de inverno	**зимовий одяг** (ч)	[zɨ'mɔwɨj 'ɔdʲaɦ]
sobretudo (m)	**пальто** (с)	[palʲ'tɔ]
casaco (m) de peles	**шуба** (ж)	['ʃuba]
casaco curto (m) de peles	**кожушок** (ч)	[koʒu'ʃɔk]
casaco (m) acolchoado	**пуховик** (ч)	[puho'wɨk]
casaco, blusão (m)	**куртка** (ж)	['kurtka]
impermeável (m)	**плащ** (ч)	[plaɕ]
impermeável	**непромокальний**	[nɛpromo'kalʲnɨj]

27. Vestuário de homem & mulher

camisa (f)	**сорочка** (ж)	[so'rɔʧka]
calças (f pl)	**штани** (мн)	[ʃta'nɨ]
calças (f pl) de ganga	**джинси** (мн)	['ʤɨnsɨ]
casaco (m) de fato	**піджак** (ч)	[pi'ʤak]
fato (m)	**костюм** (ч)	[kos'tʲum]
vestido (ex. ~ vermelho)	**сукня** (ж)	['suknʲa]
saia (f)	**спідниця** (ж)	[spid'nɨʦʲa]
blusa (f)	**блузка** (ж)	['bluzka]
casaco (m) de malha	**кофта** (ж)	['kɔfta]
casaco, blazer (m)	**жакет** (ч)	[ʒa'kɛt]
T-shirt, camiseta (f)	**футболка** (ж)	[fut'bɔlka]
calções (Bermudas, etc.)	**шорти** (мн)	['ʃɔrtɨ]
fato (m) de treino	**спортивний костюм** (ч)	[spor'tɨwnɨj kos'tʲum]
roupão (m) de banho	**халат** (ч)	[ha'lat]
pijama (m)	**піжама** (ж)	[pi'ʒama]
suéter (m)	**светр** (ч)	[swɛtr]
pulôver (m)	**пуловер** (ч)	[pulo'wɛr]
colete (m)	**жилет** (ч)	[ʒɨ'lɛt]
fraque (m)	**фрак** (ч)	[frak]
smoking (m)	**смокінг** (ч)	['smɔkinɦ]
uniforme (m)	**форма** (ж)	['fɔrma]
roupa (f) de trabalho	**робочий одяг** (ч)	[ro'bɔʧɨj 'ɔdʲaɦ]
fato-macaco (m)	**комбінезон** (ч)	[kombinɛ'zɔn]
bata (~ branca, etc.)	**халат** (ч)	[ha'lat]

28. Vestuário. Roupa interior

roupa (f) interior	білизна (ж)	[biˈlizna]
cuecas boxer (f pl)	труси (мн)	[truˈsi]
cuecas (f pl)	жіноча білизна	[ʒiˈnɔtʃa biˈliznа]
camisola (f) interior	майка (ж)	[ˈmajka]
peúgas (f pl)	шкарпетки (мн)	[ʃkarˈpɛtki]

camisa (f) de noite	нічна сорочка (ж)	[nitʃˈna soˈrɔtʃka]
sutiã (m)	бюстгальтер (ч)	[bʲustˈhalʲtɛr]
meias longas (f pl)	гольфи (мн)	[ˈhɔlʲfi]
meia-calça (f)	колготки (мн)	[kolˈhɔtki]
meias (f pl)	панчохи (мн)	[panˈtʃɔhi]
fato (m) de banho	купальник (ч)	[kuˈpalʲnik]

29. Adereços de cabeça

chapéu (m)	шапка (ж)	[ˈʃapka]
chapéu (m) de feltro	капелюх (ч)	[kapɛˈlʲuh]
boné (m) de beisebol	бейсболка (ж)	[bɛjsˈbɔlka]
boné (m)	кашкет (ч)	[kaʃˈkɛt]

boina (f)	берет (ч)	[bɛˈrɛt]
capuz (m)	каптур (ч)	[kapˈtur]
panamá (m)	панамка (ж)	[paˈnamka]
gorro (m) de malha	в'язана шапочка (ж)	[ˈwʲazana ˈʃapotʃka]

lenço (m)	хустка (ж)	[ˈhustka]
chapéu (m) de mulher	капелюшок (ч)	[kapɛˈlʲuʃok]

capacete (m) de proteção	каска (ж)	[ˈkaska]
bibico (m)	пілотка (ж)	[piˈlɔtka]
capacete (m)	шолом (ч)	[ʃoˈlɔm]

chapéu-coco (m)	котелок (ч)	[kotɛˈlɔk]
chapéu (m) alto	циліндр (ч)	[tsiˈlindr]

30. Calçado

calçado (m)	взуття (с)	[wzutˈtʲa]
botinas (f pl)	черевики (мн)	[tʃɛrɛˈwiki]
sapatos (de salto alto, etc.)	туфлі (мн)	[ˈtufli]
botas (f pl)	чоботи (мн)	[ˈtʃɔboti]
pantufas (f pl)	капці (мн)	[ˈkaptsi]

ténis (m pl)	кросівки (мн)	[kroˈsiwki]
sapatilhas (f pl)	кеди (мн)	[ˈkɛdi]
sandálias (f pl)	сандалі (мн)	[sanˈdali]

sapateiro (m)	чоботар (ч)	[tʃoboˈtar]
salto (m)	каблук (ч)	[kabˈluk]

par (m)	пара (ж)	['para]
atacador (m)	шнурок (ч)	[ʃnu'rɔk]
apertar os atacadores	шнурувати	[ʃnuru'watii]
calçadeira (f)	ріжок (ч) для взуття	[ri'ʒɔk dlʲa wzu'tʲa]
graxa (f) para calçado	крем (ч) для взуття	[krɛm dlʲa wzut'tʲa]

31. Acessórios pessoais

luvas (f pl)	рукавички (мн)	[rukɑ'wiʧkiɪ]
mitenes (f pl)	рукавиці (мн)	[ruka'witsi]
cachecol (m)	шарф (ч)	[ʃarf]

óculos (m pl)	окуляри (мн)	[oku'lʲari]
armação (f) de óculos	оправа (ж)	[op'rawa]
guarda-chuva (m)	парасолька (ж)	[para'sɔlʲka]
bengala (f)	ціпок (ч)	[ʦi'pɔk]
escova (f) para o cabelo	щітка (ж) для волосся	['ɕitka dlʲa wo'lɔssʲa]
leque (m)	віяло (с)	['wiʲalo]

gravata (f)	краватка (ж)	[kra'watka]
gravata-borboleta (f)	краватка-метелик (ж)	[kra'watka mɛ'tɛlik]
suspensórios (m pl)	підтяжки (мн)	[pid'tʲaʒki]
lenço (m)	носовичок (ч)	[nosowi'ʧɔk]

pente (m)	гребінець (ч)	[hrɛbi'nɛʦ]
travessão (m)	заколка (ж)	[za'kɔlka]
gancho (m) de cabelo	шпилька (ж)	['ʃpilʲka]
fivela (f)	пряжка (ж)	['prʲaʒka]

cinto (m)	ремінь (ч)	['rɛminʲ]
correia (f)	ремінь (ч)	['rɛminʲ]

mala (f)	сумка (ж)	['sumka]
mala (f) de senhora	сумочка (ж)	['sumoʧka]
mochila (f)	рюкзак (ч)	[rʲuk'zak]

32. Vestuário. Diversos

moda (f)	мода (ж)	['mɔda]
na moda	модний	['mɔdnij]
estilista (m)	модельєр (ч)	[mɔdɛ'lʲɛr]

colarinho (m), gola (f)	комір (ч)	['kɔmir]
bolso (m)	кишеня (ж)	[ki'ʃɛnʲa]
de bolso	кишеньковий	[kiʃɛnʲ'kɔwij]
manga (f)	рукав (ч)	[ru'kaw]
alcinha (f)	петля (ж)	[pɛt'lʲa]
braguilha (f)	ширинка (ж)	[ʃi'rinka]

fecho (m) de correr	блискавка (ж)	['bliskawka]
fecho (m), colchete (m)	застібка (ж)	['zastibka]
botão (m)	ґудзик (ч)	['gudzik]

casa (f) de botão	**петля** (ж)	[pɛt'lʲa]
soltar-se (vr)	**відірватися**	[widir'watisʲa]
coser, costurar (vi)	**шити**	['ʃiti]
bordar (vt)	**вишивати**	[wiʃi'wati]
bordado (m)	**вишивка** (ж)	['wiʃiwka]
agulha (f)	**голка** (ж)	['ɦɔlka]
fio (m)	**нитка** (ж)	['nitka]
costura (f)	**шов** (ч)	[ʃow]
sujar-se (vr)	**забруднитися**	[zabrud'nitisʲa]
mancha (f)	**пляма** (ж)	['plʲama]
engelhar-se (vr)	**зім'ятися**	[zi'mʔʲatisʲa]
rasgar (vt)	**порвати**	[por'wati]
traça (f)	**міль** (ж)	[milʲ]

33. Cuidados pessoais. Cosméticos

pasta (f) de dentes	**зубна паста** (ж)	[zub'na 'pasta]
escova (f) de dentes	**зубна щітка** (ж)	[zub'na 'ɕitka]
escovar os dentes	**чистити зуби**	['ʧistiti 'zubi]
máquina (f) de barbear	**бритва** (ж)	['britwa]
creme (m) de barbear	**крем** (ч) **для гоління**	[krɛm dlʲa ɦo'linʲa]
barbear-se (vr)	**голитися**	[ɦo'litisʲa]
sabonete (m)	**мило** (с)	['milo]
champô (m)	**шампунь** (ч)	[ʃam'punʲ]
tesoura (f)	**ножиці** (мн)	['nɔʒitsi]
lima (f) de unhas	**пилочка** (ж) **для нігтів**	['pilotʃka dlʲa 'niɦtiw]
corta-unhas (m)	**щипчики** (мн)	['ɕiptʃiki]
pinça (f)	**пінцет** (ч)	[pin'tsɛt]
cosméticos (m pl)	**косметика** (ж)	[kos'mɛtika]
máscara (f) facial	**маска** (ж)	['maska]
manicura (f)	**манікюр** (ч)	[mani'kʲur]
fazer a manicura	**робити манікюр**	[ro'biti mani'kʲur]
pedicure (f)	**педикюр** (ч)	[pɛdi'kʲur]
mala (f) de maquilhagem	**косметичка** (ж)	[kosmɛ'titʃka]
pó (m)	**пудра** (ж)	['pudra]
caixa (f) de pó	**пудрениця** (ж)	['pudrɛnitsʲa]
blush (m)	**рум'яна** (мн)	[ru'mʔʲana]
perfume (m)	**парфуми** (мн)	[par'fumi]
água (f) de toilette	**туалетна вода** (ж)	[tua'lɛtna wo'da]
loção (f)	**лосьйон** (ч)	[lo'sjɔn]
água-de-colónia (f)	**одеколон** (ч)	[odɛko'lɔn]
sombra (f) de olhos	**тіні** (мн) **для повік**	['tini dlʲa po'wik]
lápis (m) delineador	**олівець** (ч) **для очей**	[oli'wɛts dlʲa o'tʃɛj]
máscara (f), rímel (m)	**туш** (ж)	[tuʃ]
batom (m)	**губна помада** (ж)	[ɦub'na po'mada]

verniz (m) de unhas	**лак** (ч) **для нігтів**	[lak dlʲa 'niɦtiw]
laca (f) para cabelos	**лак** (ч) **для волосся**	[lak dlʲa wo'lɔssʲa]
desodorizante (m)	**дезодорант** (ч)	[dɛzodo'rant]
creme (m)	**крем** (ч)	[krɛm]
creme (m) de rosto	**крем** (ч) **для обличчя**	[krɛm dlʲa ob'liʧʲa]
creme (m) de mãos	**крем** (ч) **для рук**	[krɛm dlʲa ruk]
creme (m) antirrugas	**крем** (ч) **проти зморшок**	[krɛm 'prɔti 'zmɔrʃok]
creme (m) de dia	**денний крем** (ч)	['dɛnnij krɛm]
creme (m) de noite	**нічний крем** (ч)	[niʧ'nij krɛm]
de dia	**денний**	['dɛnij]
da noite	**нічний**	[niʧ'nij]
tampão (m)	**тампон** (ч)	[tam'pɔn]
papel (m) higiénico	**туалетний папір** (ч)	[tua'lɛtnij pa'pir]
secador (m) elétrico	**фен** (ч)	[fɛn]

34. Relógios de pulso. Relógios

relógio (m) de pulso	**годинник** (ч)	[ɦo'dinik]
mostrador (m)	**циферблат** (ч)	[ʦifɛrb'lat]
ponteiro (m)	**стрілка** (ж)	['strilka]
bracelete (f) em aço	**браслет** (ч)	[bras'lɛt]
bracelete (f) em couro	**ремінець** (ч)	[rɛmi'nɛʦ]
pilha (f)	**батарейка** (ж)	[bata'rɛjka]
descarregar-se	**сісти**	['sisti]
trocar a pilha	**поміняти батарейку**	[pomi'nʲati bata'rɛjku]
estar adiantado	**поспішати**	[pospi'ʃati]
estar atrasado	**відставати**	[widsta'wati]
relógio (m) de parede	**годинник** (ч) **настінний**	[ɦo'dinik nas'tinij]
ampulheta (f)	**годинник** (ч) **пісочний**	[ɦo'dinik pi'sɔʧnij]
relógio (m) de sol	**годинник** (ч) **сонячний**	[ɦo'dinik 'sɔnʲaʧnij]
despertador (m)	**будильник** (ч)	[bu'dilʲnik]
relojoeiro (m)	**годинникар** (ч)	[ɦodini'kar]
reparar (vt)	**ремонтувати**	[rɛmontu'wati]

Alimentação. Nutrição

35. Comida

carne (f)	**м'ясо** (с)	['mʔʲaso]
galinha (f)	**курка** (ж)	['kurka]
frango (m)	**курча** (с)	[kur'ʧa]
pato (m)	**качка** (ж)	['kaʧka]
ganso (m)	**гусак** (ч)	[ɦu'sak]
caça (f)	**дичина** (ж)	[dɨʧɨ'na]
peru (m)	**індичка** (ж)	[in'dɨʧka]
carne (f) de porco	**свинина** (ж)	[swɨ'nɨna]
carne (f) de vitela	**телятина** (ж)	[tɛ'lʲatɨna]
carne (f) de carneiro	**баранина** (ж)	[ba'ranɨna]
carne (f) de vaca	**яловичина** (ж)	['ʲalowɨʧɨna]
carne (f) de coelho	**кріль** (ч)	[krilʲ]
chouriço, salsichão (m)	**ковбаса** (ж)	[kowba'sa]
salsicha (f)	**сосиска** (ж)	[so'sɨska]
bacon (m)	**бекон** (ч)	[bɛ'kɔn]
fiambre (f)	**шинка** (ж)	['ʃɨnka]
presunto (m)	**окіст** (ч)	['ɔkist]
patê (m)	**паштет** (ч)	[paʃ'tɛt]
fígado (m)	**печінка** (ж)	[pɛ'ʧinka]
carne (f) moída	**фарш** (ч)	[farʃ]
língua (f)	**язик** (ч)	[ja'zɨk]
ovo (m)	**яйце** (с)	[jaj'ʦɛ]
ovos (m pl)	**яйця** (мн)	['ʲajʦʲa]
clara (f) do ovo	**білок** (ч)	[bi'lɔk]
gema (f) do ovo	**жовток** (ч)	[ʒow'tɔk]
peixe (m)	**риба** (ж)	['rɨba]
mariscos (m pl)	**морепродукти** (мн)	[morɛpro'duktɨ]
crustáceos (m pl)	**ракоподібні** (мн)	[rakopo'dibni]
caviar (m)	**ікра** (ж)	[ik'ra]
caranguejo (m)	**краб** (ч)	[krab]
camarão (m)	**креветка** (ж)	[krɛ'wɛtka]
ostra (f)	**устриця** (ж)	['ustrɨʦʲa]
lagosta (f)	**лангуст** (ч)	[lan'ɦust]
polvo (m)	**восьминіг** (ч)	[wosʲmɨ'niɦ]
lula (f)	**кальмар** (ч)	[kalʲ'mar]
esturjão (m)	**осетрина** (ж)	[osɛt'rɨna]
salmão (m)	**лосось** (ч)	[lo'sɔsʲ]
halibute (m)	**палтус** (ч)	['paltus]
bacalhau (m)	**тріска** (ж)	[tris'ka]

cavala, sarda (f)	скумбрія (ж)	['skumbriɑ]
atum (m)	тунець (ч)	[tu'nɛʦ]
enguia (f)	вугор (ч)	[wu'ɦɔr]
truta (f)	форель (ж)	[fo'rɛlʲ]
sardinha (f)	сардина (ж)	[sar'dina]
lúcio (m)	щука (ж)	['ɕuka]
arenque (m)	оселедець (ч)	[osɛ'lɛdɛʦ]
pão (m)	хліб (ч)	[hlih]
queijo (m)	сир (ч)	[sir]
açúcar (m)	цукор (ч)	['ʦukor]
sal (m)	сіль (ж)	[silʲ]
arroz (m)	рис (ч)	[ris]
massas (f pl)	макарони (мн)	[maka'rɔni]
talharim (m)	локшина (ж)	[lokʃi'na]
manteiga (f)	вершкове масло (с)	[wɛrʃ'kɔwɛ 'maslo]
óleo (m) vegetal	олія (ж) рослинна	[o'liʲa ros'lina]
óleo (m) de girassol	соняшникова олія (ж)	['sɔnʲaʃnikowa o'liʲa]
margarina (f)	маргарин (ч)	[marɦa'rin]
azeitonas (f pl)	оливки (мн)	[o'liwki]
azeite (m)	олія (ж) оливкова	[o'liʲa o'liwkowa]
leite (m)	молоко (с)	[molo'kɔ]
leite (m) condensado	згущене молоко (с)	['zɦuɕɛnɛ molo'kɔ]
iogurte (m)	йогурт (ч)	['jɔɦurt]
nata (f) azeda	сметана (ж)	[smɛ'tana]
nata (f) do leite	вершки (мн)	[wɛrʃ'ki]
maionese (f)	майонез (ч)	[maʲo'nɛz]
creme (m)	крем (ч)	[krɛm]
grãos (m pl) de cereais	крупа (ж)	[kru'pa]
farinha (f)	борошно (с)	['bɔroʃno]
enlatados (m pl)	консерви (мн)	[kon'sɛrwi]
flocos (m pl) de milho	кукурудзяні пластівці (мн)	[kuku'rudzʲani plastiw'ʦi]
mel (m)	мед (ч)	[mɛd]
doce (m)	джем (ч)	[ʤɛm]
pastilha (f) elástica	жувальна гумка (ж)	[ʒu'walʲna 'ɦumka]

36. Bebidas

água (f)	вода (ж)	[wo'da]
água (f) potável	питна вода (ж)	[pit'na wo'da]
água (f) mineral	мінеральна вода (ж)	[minɛ'ralʲna wo'da]
sem gás	без газу	[bɛz 'ɦazu]
gaseificada	газований	[ɦa'zɔwanij]
com gás	з газом	[z 'ɦazom]
gelo (m)	лід (ч), крига (ж)	[lid], ['kriɦa]

com gelo	**з льодом**	[z lʲodom]
sem álcool	**безалкогольний**	[bɛzalko'ɦɔlʲnɨj]
bebida (f) sem álcool	**безалкогольний напій** (ч)	[bɛzalko'ɦɔlʲnɨj na'pij]
refresco (m)	**прохолодний напій** (ч)	[proho'lɔdnɨj 'napij]
limonada (f)	**лимонад** (ч)	[lɨmo'nad]
bebidas (f pl) alcoólicas	**алкогольні напої** (мн)	[alko'ɦɔlʲni na'pɔjɨ]
vinho (m)	**вино** (с)	[wɨ'nɔ]
vinho (m) branco	**біле вино** (с)	['bilɛ wɨ'nɔ]
vinho (m) tinto	**червоне вино** (с)	[ʧɛr'wɔnɛ wɨ'nɔ]
licor (m)	**лікер** (ч)	[li'kɛr]
champanhe (m)	**шампанське** (с)	[ʃam'pansʲkɛ]
vermute (m)	**вермут** (ч)	['wɛrmut]
uísque (m)	**віскі** (с)	['wiski]
vodka (f)	**горілка** (ж)	[ɦo'rilka]
gim (m)	**джин** (ч)	[ʤɨn]
conhaque (m)	**коньяк** (ч)	[ko'nʲak]
rum (m)	**ром** (ч)	[rom]
café (m)	**кава** (ж)	['kawa]
café (m) puro	**чорна кава** (ж)	['ʧɔrna 'kawa]
café (m) com leite	**кава** (ж) **з молоком**	['kawa z molo'kɔm]
cappuccino (m)	**капучино** (с)	[kapu'ʧɨno]
café (m) solúvel	**розчинна кава** (ж)	[roz'ʧɨna 'kawa]
leite (m)	**молоко** (с)	[molo'kɔ]
coquetel (m)	**коктейль** (ч)	[kok'tɛjlʲ]
batido (m) de leite	**молочний коктейль** (ч)	[mo'lɔʧnɨj kok'tɛjlʲ]
sumo (m)	**сік** (ч)	[sik]
sumo (m) de tomate	**томатний сік** (ч)	[to'matnɨj 'sik]
sumo (m) de laranja	**апельсиновий сік** (ч)	[apɛlʲ'sɨnowɨj sik]
sumo (m) fresco	**свіжовижатий сік** (ч)	[swiʒo'wɨʒatɨj sik]
cerveja (f)	**пиво** (с)	['pɨwo]
cerveja (f) clara	**світле пиво** (с)	['switlɛ 'pɨwo]
cerveja (f) preta	**темне пиво** (с)	['tɛmnɛ 'pɨwo]
chá (m)	**чай** (ч)	[ʧaj]
chá (m) preto	**чорний чай** (ч)	['ʧɔrnɨj ʧaj]
chá (m) verde	**зелений чай** (ч)	[zɛ'lɛnɨj ʧaj]

37. Vegetais

legumes (m pl)	**овочі** (мн)	['ɔwoʧi]
verduras (f pl)	**зелень** (ж)	['zɛlɛnʲ]
tomate (m)	**помідор** (ч)	[pomi'dɔr]
pepino (m)	**огірок** (ч)	[oɦi'rɔk]
cenoura (f)	**морква** (ж)	['mɔrkwa]
batata (f)	**картопля** (ж)	[kar'tɔplʲa]
cebola (f)	**цибуля** (ж)	[ʦɨ'bulʲa]

alho (m)	часник (ч)	[tʃasˈnik]
couve (f)	капуста (ж)	[kaˈpusta]
couve-flor (f)	кольорова капуста (ж)	[kolʲoˈrowa kaˈpusta]
couve-de-bruxelas (f)	брюссельська капуста (ж)	[brʲuˈsɛlʲsʲka kaˈpusta]
brócolos (m pl)	броколі (ж)	[ˈbrɔkoli]
beterraba (f)	буряк (ч)	[buˈrʲak]
beringela (f)	баклажан (ч)	[baklaˈʒan]
curgete (f)	кабачок (ч)	[kabaˈtʃɔk]
abóbora (f)	гарбуз (ч)	[harˈbuz]
nabo (m)	ріпа (ж)	[ˈripa]
salsa (f)	петрушка (ж)	[pɛtˈruʃka]
funcho, endro (m)	кріп (ч)	[krip]
alface (f)	салат (ч)	[saˈlat]
aipo (m)	селера (ж)	[sɛˈlɛra]
espargo (m)	спаржа (ж)	[ˈsparʒa]
espinafre (m)	шпинат (ч)	[ʃpiˈnat]
ervilha (f)	горох (ч)	[hoˈrɔh]
fava (f)	боби (мн)	[boˈbi]
milho (m)	кукурудза (ж)	[kukuˈrudza]
feijão (m)	квасоля (ж)	[kwaˈsɔlʲa]
pimentão (m)	перець (ч)	[ˈpɛrɛts]
rabanete (m)	редиска (ж)	[rɛˈdiska]
alcachofra (f)	артишок (ч)	[artiˈʃɔk]

38. Frutos. Nozes

fruta (f)	фрукт (ч)	[frukt]
maçã (f)	яблуко (с)	[ˈʲabluko]
pera (f)	груша (ж)	[ˈɦruʃa]
limão (m)	лимон (ч)	[liˈmɔn]
laranja (f)	апельсин (ч)	[apɛlʲˈsin]
morango (m)	полуниця (ж)	[poluˈnitsʲa]
tangerina (f)	мандарин (ч)	[mandaˈrin]
ameixa (f)	слива (ж)	[ˈsliwa]
pêssego (m)	персик (ч)	[ˈpɛrsik]
damasco (m)	абрикос (ч)	[abriˈkɔs]
framboesa (f)	малина (ж)	[maˈlina]
ananás (m)	ананас (ч)	[anaˈnas]
banana (f)	банан (ч)	[baˈnan]
melancia (f)	кавун (ч)	[kaˈwun]
uva (f)	виноград (ч)	[winoˈɦrad]
ginja, cereja (f)	вишня, черешня (ж)	[ˈwiʃnʲa], [ˈtʃɛˈrɛʃnʲa]
ginja (f)	вишня (ж)	[ˈwiʃnʲa]
cereja (f)	черешня (ж)	[tʃɛˈrɛʃnʲa]
meloa (f)	диня (ж)	[ˈdinʲa]
toranja (f)	грейпфрут (ч)	[ɦrɛjpˈfrut]
abacate (m)	авокадо (с)	[awoˈkado]

papaia (f)	**папайя** (ж)	[pa'paʲa]
manga (f)	**манго** (с)	['manɦo]
romã (f)	**гранат** (ч)	[ɦra'nat]
groselha (f) vermelha	**порічки** (мн)	[po'riʧkɨ]
groselha (f) preta	**чорна смородина** (ж)	['ʧɔrna smo'rɔdɨna]
groselha (f) espinhosa	**аґрус** (ч)	['agrus]
mirtilo (m)	**чорниця** (ж)	[ʧor'nɨʦʲa]
amora silvestre (f)	**ожина** (ж)	[o'ʒɨna]
uvas (f pl) passas	**родзинки** (мн)	[ro'ʤɨnkɨ]
figo (m)	**інжир** (ч)	[in'ʒɨr]
tâmara (f)	**фінік** (ч)	['finik]
amendoim (m)	**арахіс** (ч)	[a'rahis]
amêndoa (f)	**мигдаль** (ч)	[mɨɦ'dalʲ]
noz (f)	**горіх** (ч) **волоський**	[ɦo'rih wo'lɔsʲkɨj]
avelã (f)	**ліщина** (ж)	[li'ɕɨna]
coco (m)	**горіх** (ч) **кокосовий**	[ɦo'rih ko'kɔsowɨj]
pistáchios (m pl)	**фісташки** (мн)	[fis'taʃkɨ]

39. Pão. Bolaria

pastelaria (f)	**кондитерські вироби** (мн)	[kon'dɨtɛrsʲki 'wɨrobɨ]
pão (m)	**хліб** (ч)	[hlib]
bolacha (f)	**печиво** (с)	['pɛʧɨwo]
chocolate (m)	**шоколад** (ч)	[ʃoko'lad]
de chocolate	**шоколадний**	[ʃoko'ladnɨj]
rebuçado (m)	**цукерка** (ж)	[ʦu'kɛrka]
bolo (cupcake, etc.)	**тістечко** (с)	['tistɛʧko]
bolo (m) de aniversário	**торт** (ч)	[tort]
tarte (~ de maçã)	**пиріг** (ч)	[pɨ'riɦ]
recheio (m)	**начинка** (ж)	[na'ʧɨnka]
doce (m)	**варення** (с)	[wa'rɛnʲa]
geleia (f) de frutas	**мармелад** (ч)	[marmɛ'lad]
waffle (m)	**вафлі** (мн)	['wafli]
gelado (m)	**морозиво** (с)	[mo'rɔzɨwo]
pudim (m)	**пудинг** (ч)	['pudɨnɦ]

40. Pratos cozinhados

prato (m)	**страва** (ж)	['strawa]
cozinha (~ portuguesa)	**кухня** (ж)	['kuhnʲa]
receita (f)	**рецепт** (ч)	[rɛ'ʦɛpt]
porção (f)	**порція** (ж)	['pɔrʦiʲa]
salada (f)	**салат** (ч)	[sa'lat]
sopa (f)	**юшка** (ж)	['ʲuʃka]
caldo (m)	**бульйон** (ч)	[bu'lʲɔn]

sandes (f)	канапка (ж)	[ka'napka]
ovos (m pl) estrelados	яєчня (ж)	[jaˈɛʃnʲa]

hambúrguer (m)	гамбургер (ч)	[ˈhamburɦɛr]
bife (m)	біфштекс (ч)	[bifˈʃtɛks]

conduto (m)	гарнір (ч)	[harˈnir]
espaguete (m)	спагеті (мн)	[spaˈɦeti]
puré (m) de batata	картопляне пюре (с)	[kartopˈlʲanɛ pʲuˈrɛ]
pizza (f)	піца (ж)	[ˈpitsa]
papa (f)	каша (ж)	[ˈkaʃa]
omelete (f)	омлет (ч)	[omˈlɛt]

cozido em água	варений	[waˈrɛnij]
fumado	копчений	[kopˈtʃɛnij]
frito	смажений	[ˈsmaʒɛnij]
seco	сушений	[ˈsuʃɛnij]
congelado	заморожений	[zamoˈrɔʒɛnij]
em conserva	маринований	[mariˈnɔwanij]

doce (açucarado)	солодкий	[soˈlɔdkij]
salgado	солоний	[soˈlɔnij]
frio	холодний	[hoˈlɔdnij]
quente	гарячий	[haˈrʲatʃij]
amargo	гіркий	[hirˈkij]
gostoso	смачний	[smatʃˈnij]

cozinhar (em água a ferver)	варити	[waˈriti]
fazer, preparar (vt)	готувати	[hotuˈwati]
fritar (vt)	смажити	[ˈsmaʒiti]
aquecer (vt)	розігрівати	[roziɦriˈwati]

salgar (vt)	солити	[soˈliti]
apimentar (vt)	перчити	[pɛrˈtʃiti]
ralar (vt)	терти	[ˈtɛrti]
casca (f)	шкірка (ж)	[ˈʃkirka]
descascar (vt)	чистити	[ˈtʃistiti]

41. Especiarias

sal (m)	сіль (ж)	[silʲ]
salgado	солоний	[soˈlɔnij]
salgar (vt)	солити	[soˈliti]

pimenta (f) preta	чорний перець (ч)	[ˈtʃɔrnij ˈpɛrɛts]
pimenta (f) vermelha	червоний перець (ч)	[tʃɛrˈwɔnij ˈpɛrɛts]
mostarda (f)	гірчиця (ж)	[hirˈtʃitsʲa]
raiz-forte (f)	хрін (ч)	[hrin]

condimento (m)	приправа (ж)	[pripˈrawa]
especiaria (f)	прянощі (мн)	[prʲaˈnɔɕi]
molho (m)	соус (ч)	[ˈsɔus]
vinagre (m)	оцет (ч)	[ˈɔtsɛt]
anis (m)	аніс (ч)	[ˈanis]

manjericão (m)	базилік (ч)	[baziˈlik]
cravo (m)	гвоздика (ж)	[ɦwozˈdika]
gengibre (m)	імбир (ч)	[imˈbɪr]
coentro (m)	коріандр (ч)	[koriˈandr]
canela (f)	кориця (ж)	[koˈritsʲa]
sésamo (m)	кунжут (ч)	[kunˈʒut]
folhas (f pl) de louro	лавровий лист (ч)	[lawˈrɔwij list]
páprica (f)	паприка (ж)	[ˈpaprika]
cominho (m)	кмин (ч)	[kmin]
açafrão (m)	шафран (ч)	[ʃafˈran]

42. Refeições

comida (f)	їжа (ж)	[ˈjiʒa]
comer (vt)	їсти	[ˈjisti]
pequeno-almoço (m)	сніданок (ч)	[sniˈdanok]
tomar o pequeno-almoço	снідати	[ˈsnidati]
almoço (m)	обід (ч)	[oˈbid]
almoçar (vi)	обідати	[oˈbidati]
jantar (m)	вечеря (ж)	[wɛˈtʃɛrʲa]
jantar (vi)	вечеряти	[wɛˈtʃɛrʲati]
apetite (m)	апетит (ч)	[apɛˈtit]
Bom apetite!	Смачного!	[smatʃˈnɔɦo]
abrir (~ uma lata, etc.)	відкривати	[widkriˈwati]
derramar (vt)	пролити	[proˈliti]
derramar-se (vr)	пролитись	[proˈlitisʲ]
ferver (vi)	кипіти	[kiˈpiti]
ferver (vt)	кип'ятити	[kipʲaˈtiti]
fervido	кип'ячений	[kipʲaˈtʃɛnij]
arrefecer (vt)	охолодити	[oholoˈditi]
arrefecer-se (vr)	охолоджуватись	[ohoˈlɔdʒuwatisʲ]
sabor, gosto (m)	смак (ч)	[smak]
gostinho (m)	присмак (ч)	[ˈprismak]
fazer dieta	худнути	[ˈhudnuti]
dieta (f)	дієта (ж)	[diˈɛta]
vitamina (f)	вітамін (ч)	[witaˈmin]
caloria (f)	калорія (ж)	[kaˈlɔrʲia]
vegetariano (m)	вегетаріанець (ч)	[wɛɦɛtariˈanɛts]
vegetariano	вегетаріанський	[wɛɦɛtariˈansʲkij]
gorduras (f pl)	жири (мн)	[ʒiˈri]
proteínas (f pl)	білки (мн)	[bilˈki]
carboidratos (m pl)	вуглеводи (мн)	[wuɦlɛˈwɔdi]
fatia (~ de limão, etc.)	скибка (ж)	[ˈskibka]
pedaço (~ de bolo)	шматок (ч)	[ʃmaˈtɔk]
migalha (f)	крихта (ж)	[ˈkrihta]

43. Por a mesa

colher (f)	**ложка** (ж)	['lɔʒka]
faca (f)	**ніж** (ч)	[niʒ]
garfo (m)	**виделка** (ж)	[wɨ'dɛlka]
chávena (f)	**чашка** (ж)	['ʧaʃka]
prato (m)	**тарілка** (ж)	[ta'rilka]
pires (m)	**блюдце** (с)	['blʲudʦɛ]
guardanapo (m)	**серветка** (ж)	[sɛr'wɛtka]
palito (m)	**зубочистка** (ж)	[zubo'ʧistka]

44. Restaurante

restaurante (m)	**ресторан** (ч)	[rɛsto'ran]
café (m)	**кав'ярня** (ж)	[ka'wʔarnʲa]
bar (m), cervejaria (f)	**бар** (ч)	[bar]
salão (m) de chá	**чайна** (ж)	['ʧajna]
empregado (m) de mesa	**офіціант** (ч)	[ofiʦi'ant]
empregada (f) de mesa	**офіціантка** (ж)	[ofiʦi'antka]
barman (m)	**бармен** (ч)	[bar'mɛn]
ementa (f)	**меню** (с)	[mɛ'nʲu]
lista (f) de vinhos	**карта** (ж) **вин**	['karta wɨn]
reservar uma mesa	**забронювати столик**	[zabronʲu'watɨ 'stɔlɨk]
prato (m)	**страва** (ж)	['strawa]
pedir (vt)	**замовити**	[za'mɔwɨtɨ]
fazer o pedido	**зробити замовлення**	[zro'bɨtɨ za'mɔwlɛnʲa]
aperitivo (m)	**аперитив** (ч)	[apɛrɨ'tɨw]
entrada (f)	**закуска** (ж)	[za'kuska]
sobremesa (f)	**десерт** (ч)	[dɛ'sɛrt]
conta (f)	**рахунок** (ч)	[ra'hunok]
pagar a conta	**оплатити рахунок**	[opla'tɨtɨ ra'hunok]
dar o troco	**дати решту**	['datɨ 'rɛʃtu]
gorjeta (f)	**чайові** (мн)	[ʧaʲo'wi]

Família, parentes e amigos

45. Informação pessoal. Formulários

nome (m)	**ім'я** (с)	[i'mʔʲa]
apelido (m)	**прізвище** (с)	['prizwɨɕɛ]
data (f) de nascimento	**дата** (ж) **народження**	['data na'rɔʤɛnʲa]
local (m) de nascimento	**місце** (с) **народження**	['mistsɛ na'rɔʤɛnʲa]
nacionalidade (f)	**національність** (ж)	[natsio'nalʲnistʲ]
lugar (m) de residência	**місце** (с) **проживання**	['mistsɛ proʒɨ'wanʲa]
país (m)	**країна** (ж)	[kra'jɨna]
profissão (f)	**професія** (ж)	[pro'fɛsiʲa]
sexo (m)	**стать** (ж)	[statʲ]
estatura (f)	**зріст** (ч)	[zrist]
peso (m)	**вага** (ж)	[wa'ɦa]

46. Membros da família. Parentes

mãe (f)	**мати** (ж)	['matɨ]
pai (m)	**батько** (ч)	['batʲko]
filho (m)	**син** (ч)	[sɨn]
filha (f)	**дочка** (ж)	[doʧ'ka]
filha (f) mais nova	**молодша дочка** (ж)	[mo'lɔdʃa doʧ'ka]
filho (m) mais novo	**молодший син** (ч)	[mo'lɔdʃɨj sɨn]
filha (f) mais velha	**старша дочка** (ж)	['starʃa doʧ'ka]
filho (m) mais velho	**старший син** (ч)	['starʃɨj sɨn]
irmão (m)	**брат** (ч)	[brat]
irmão (m) mais velho	**старший брат** (ч)	[star'ʃɨj brat]
irmão (m) mais novo	**молодший брат** (ч)	[mo'lɔdʃɨj brat]
irmã (f)	**сестра** (ж)	[sɛst'ra]
irmã (f) mais velha	**старша сестра** (ж)	[star'ʃa sɛst'ra]
irmã (f) mais nova	**молодша сестра** (ж)	[mo'lɔdʃa sɛst'ra]
primo (m)	**двоюрідний брат** (ч)	[dwoʲu'ridnɨj brat]
prima (f)	**двоюрідна сестра** (ж)	[dwoʲu'ridna sɛst'ra]
mamã (f)	**мати** (ж)	['matɨ]
papá (m)	**тато** (ч)	['tato]
pais (pl)	**батьки** (мн)	[batʲ'kɨ]
criança (f)	**дитина** (ж)	[dɨ'tɨna]
crianças (f pl)	**діти** (мн)	['ditɨ]
avó (f)	**бабуся** (ж)	[ba'busʲa]
avô (m)	**дід** (ч)	['did]
neto (m)	**онук** (ч)	[o'nuk]

neta (f)	онука (ж)	[o'nuka]
netos (pl)	онуки (мн)	[o'nuki]
tio (m)	дядько (ч)	['dʲadʲko]
tia (f)	тітка (ж)	['titka]
sobrinho (m)	племінник (ч)	[plɛ'minik]
sobrinha (f)	племінниця (ж)	[plɛ'minitsʲa]
sogra (f)	теща (ж)	['tɛɕa]
sogro (m)	свекор (ч)	['swɛkɔr]
genro (m)	зять (ч)	[zʲatʲ]
madrasta (f)	мачуха (ж)	['matʃuha]
padrasto (m)	вітчим (ч)	['witʃim]
criança (f) de colo	немовля (c)	[nɛmow'lʲa]
bebé (m)	малюк (ч)	[ma'lʲuk]
menino (m)	малюк (ч)	[ma'lʲuk]
mulher (f)	дружина (ж)	[dru'ʒina]
marido (m)	чоловік (ч)	[tʃolo'wik]
esposo (m)	чоловік (ч)	[tʃolo'wik]
esposa (f)	дружина (ж)	[dru'ʒina]
casado	одружений	[od'ruʒɛnij]
casada	заміжня	[za'miʒnʲa]
solteiro	холостий	[holos'tij]
solteirão (m)	холостяк (ч)	[holos'tʲak]
divorciado	розлучений	[roz'lutʃɛnij]
viúva (f)	вдова (ж)	[wdo'wa]
viúvo (m)	вдівець (ч)	[wdi'wɛts]
parente (m)	родич (ч)	['rɔditʃ]
parente (m) próximo	близький родич (ч)	[bliz'kij 'rɔditʃ]
parente (m) distante	далекий родич (ч)	[da'lɛkij 'rɔditʃ]
parentes (m pl)	рідні (мн)	['ridni]
órfão (m), órfã (f)	сирота (ч)	[siro'ta]
órfão (m)	сирота (ч)	[siro'ta]
órfã (f)	сирота (ж)	[siro'ta]
tutor (m)	опікун (ч)	[opi'kun]
adotar (um filho)	усиновити	[usino'witi]
adotar (uma filha)	удочерити	[udotʃɛ'riti]

Medicina

47. Doenças

doença (f)	хвороба (ж)	[hwo'rɔba]
estar doente	хворіти	[hwo'riti]
saúde (f)	здоров'я (с)	[zdo'rɔwʲa]

nariz (m) a escorrer	нежить (ч)	['nɛʒitʲ]
amigdalite (f)	ангіна (ж)	[an'ɦina]
constipação (f)	застуда (ж)	[za'studa]
constipar-se (vr)	застудитися	[zastu'ditisʲa]

bronquite (f)	бронхіт (ч)	[bron'hit]
pneumonia (f)	запалення (с) легенів	[za'palɛnja lɛ'ɦɛniw]
gripe (f)	грип (ч)	[ɦrip]

míope	короткозорий	[korotko'zɔrij]
presbita	далекозорий	[dalɛko'zɔrij]
estrabismo (m)	косоокість (ж)	[koso'ɔkistʲ]
estrábico	косоокий	[koso'ɔkij]
catarata (f)	катаракта (ж)	[kata'rakta]
glaucoma (m)	глаукома (ж)	[ɦlau'kɔma]

AVC (m), apoplexia (f)	інсульт (ч)	[in'sulʲt]
ataque (m) cardíaco	інфаркт (ч)	[in'farkt]
enfarte (m) do miocárdio	інфаркт (ч) міокарду	[in'farkt mio'kardu]
paralisia (f)	параліч (ч)	[para'litʃ]
paralisar (vt)	паралізувати	[paralizu'wati]

alergia (f)	алергія (ж)	[alɛr'ɦiʲa]
asma (f)	астма (ж)	['astma]
diabetes (f)	діабет (ч)	[dia'bɛt]

dor (f) de dentes	зубний біль (ч)	[zub'nij bilʲ]
cárie (f)	карієс (ч)	['kariɛs]

diarreia (f)	діарея (ж)	[dia'rɛʲa]
prisão (f) de ventre	запор (ч)	[za'pɔr]
desarranjo (m) intestinal	розлад (ч) шлунку	['rɔzlad 'ʃlunku]
intoxicação (f) alimentar	отруєння (с)	[ot'ruɛnʲa]
intoxicar-se	отруїтись	[otru'jitisʲ]

artrite (f)	артрит (ч)	[art'rit]
raquitismo (m)	рахіт (ч)	[ra'hit]
reumatismo (m)	ревматизм (ч)	[rɛwma'tizm]
arteriosclerose (f)	атеросклероз (ч)	[atɛrosklɛ'rɔz]

gastrite (f)	гастрит (ч)	[ɦast'rit]
apendicite (f)	апендицит (ч)	[apɛndi'tsit]

colecistite (f)	**холецистит** (ч)	[holɛʦɨs'tɨt]
úlcera (f)	**виразка** (ж)	['wɨrazka]
sarampo (m)	**кір** (ч)	[kir]
rubéola (f)	**краснуха** (ж)	[kras'nuha]
iterícia (f)	**жовтуха** (ж)	[ʒow'tuha]
hepatite (f)	**гепатит** (ч)	[ɦɛpa'tɨt]
esquizofrenia (f)	**шизофренія** (ж)	[ʃɨzofrɛ'niʲa]
raiva (f)	**сказ** (ч)	[ɕkaz]
neurose (f)	**невроз** (ч)	[nɛw'rɔz]
comoção (f) cerebral	**струс** (ч) **мозку**	['strus 'mɔzku]
cancro (m)	**рак** (ч)	[rak]
esclerose (f)	**склероз** (ч)	[sklɛ'rɔz]
esclerose (f) múltipla	**розсіяний склероз** (ч)	[roz'siʲanɨj sklɛ'rɔz]
alcoolismo (m)	**алкоголізм** (ч)	[alkoɦo'lizm]
alcoólico (m)	**алкоголік** (ч)	[alko'ɦɔlik]
sífilis (f)	**сифіліс** (ч)	['sɨfilis]
SIDA (f)	**СНІД** (ч)	[snid]
tumor (m)	**пухлина** (ж)	[puh'lɨna]
maligno	**злоякісна**	[zlo'ʲakisna]
benigno	**доброякісна**	[dobro'ʲakisna]
febre (f)	**гарячка** (ж)	[ɦa'rʲatʃka]
malária (f)	**малярія** (ж)	[malʲa'riʲa]
gangrena (f)	**гангрена** (ж)	[ɦan'ɦrɛna]
enjoo (m)	**морська хвороба** (ж)	[morsʲ'ka hwo'rɔba]
epilepsia (f)	**епілепсія** (ж)	[ɛpi'lɛpsiʲa]
epidemia (f)	**епідемія** (ж)	[ɛpi'dɛmiʲa]
tifo (m)	**тиф** (ч)	[tɨf]
tuberculose (f)	**туберкульоз** (ч)	[tubɛrku'lʲoz]
cólera (f)	**холера** (ж)	[ho'lɛra]
peste (f)	**чума** (ж)	[tʃu'ma]

48. Sintomas. Tratamentos. Parte 1

sintoma (m)	**симптом** (ч)	[sɨmp'tɔm]
temperatura (f)	**температура** (ж)	[tɛmpɛra'tura]
febre (f)	**висока температура** (ж)	[wɨ'sɔka tɛmpɛra'tura]
pulso (m)	**пульс** (ч)	[pulʲs]
vertigem (f)	**запаморочення** (с)	[za'pamorotʃɛnʲa]
quente (testa, etc.)	**гарячий**	[ɦa'rʲatʃɨj]
calafrio (m)	**озноб** (ч)	[oz'nɔb]
pálido	**блідий**	[bli'dɨj]
tosse (f)	**кашель** (ч)	['kaʃɛlʲ]
tossir (vi)	**кашляти**	['kaʃlʲatɨ]
espirrar (vi)	**чхати**	['tʃhatɨ]
desmaio (m)	**непритомність** (ж)	[nɛprɨ'tɔmnistʲ]

desmaiar (vi)	**знепритомніти**	[znɛpri'tɔmniti]
nódoa (f) negra	**синець** (ч)	[si'nɛʦ]
galo (m)	**гуля** (ж)	['ɦulʲa]
magoar-se (vr)	**ударитись**	[u'daritisʲ]
pisadura (f)	**забите місце** (с)	[za'bitɛ 'misʦɛ]
aleijar-se (vr)	**забитися**	[za'bitisʲa]
coxear (vi)	**кульгати**	[kulʲ'ɦati]
deslocação (f)	**вивих** (ч)	['wiwih]
deslocar (vt)	**вивихнути**	['wiwihnuti]
fratura (f)	**перелом** (ч)	[pɛrɛ'lɔm]
fraturar (vt)	**отримати перелом**	[ot'rimati pɛrɛ'lom]
corte (m)	**поріз** (ч)	[po'riz]
cortar-se (vr)	**порізатися**	[po'rizatisʲa]
hemorragia (f)	**кровотеча** (ж)	[krowo'tɛʧa]
queimadura (f)	**опік** (ч)	['ɔpik]
queimar-se (vr)	**обпектися**	[obpɛk'tisʲa]
picar (vt)	**уколоти**	[uko'lɔti]
picar-se (vr)	**уколотися**	[uko'lɔtisʲa]
lesionar (vt)	**пошкодити**	[poʃ'kɔditi]
lesão (m)	**ушкодження** (с)	[uʃ'kɔʤɛnʲa]
ferida (f), ferimento (m)	**рана** (ж)	['rana]
trauma (m)	**травма** (ж)	['trawma]
delirar (vi)	**марити**	['mariti]
gaguejar (vi)	**заїкатися**	[zaji'katisʲa]
insolação (f)	**сонячний удар** (ч)	['sɔnʲaʧnij u'dar]

49. Sintomas. Tratamentos. Parte 2

dor (f)	**біль** (ч)	[bilʲ]
farpa (no dedo)	**скалка** (ж)	['skalka]
suor (m)	**піт** (ч)	[pit]
suar (vi)	**спітніти**	[spit'niti]
vómito (m)	**блювота** (ж)	[blʲu'wɔta]
convulsões (f pl)	**судома** (ж)	[su'dɔma]
grávida	**вагітна**	[wa'ɦitna]
nascer (vi)	**народитися**	[naro'ditisʲa]
parto (m)	**пологи** (мн)	[po'lɔɦi]
dar à luz	**народжувати**	[na'rɔʤuwati]
aborto (m)	**аборт** (ч)	[a'bɔrt]
respiração (f)	**дихання** (с)	['dihanʲa]
inspiração (f)	**вдих** (ч)	[wdih]
expiração (f)	**видих** (ч)	['widih]
expirar (vi)	**видихнути**	['widihnuti]
inspirar (vi)	**зробити вдих**	[zro'biti wdih]
inválido (m)	**інвалід** (ч)	[inwa'lid]
aleijado (m)	**каліка** (ч)	[ka'lika]

toxicodependente (m)	**наркоман** (ч)	[narko'man]
surdo	**глухий**	[ɦlu'hɨj]
mudo	**німий**	[ni'mɨj]
surdo-mudo	**глухонімий**	[ɦluhoni'mɨj]
louco (adj.)	**божевільний**	[boʒɛ'wilʲnɨj]
louco (m)	**божевільний** (ч)	[boʒɛ'wilʲnɨj]
louca (f)	**божевільна** (ж)	[boʒɛ'wilʲna]
ficar louco	**збожеволіти**	[zboʒɛ'wɔlitɨ]
gene (m)	**ген** (ч)	[ɦɛn]
imunidade (f)	**імунітет** (ч)	[imuni'tɛt]
hereditário	**спадковий**	[spad'kɔwɨj]
congénito	**вроджений**	['wrɔdʒɛnɨj]
vírus (m)	**вірус** (ч)	['wirus]
micróbio (m)	**мікроб** (ч)	[mik'rɔb]
bactéria (f)	**бактерія** (ж)	[bak'tɛrʲa]
infeção (f)	**інфекція** (ж)	[in'fɛktsʲa]

50. Sintomas. Tratamentos. Parte 3

hospital (m)	**лікарня** (ж)	[li'karnʲa]
paciente (m)	**пацієнт** (ч)	[patsi'ɛnt]
diagnóstico (m)	**діагноз** (ч)	[di'aɦnoz]
cura (f)	**лікування** (с)	[liku'wanʲa]
tratamento (m) médico	**лікування** (с)	[liku'wanʲa]
curar-se (vr)	**лікуватися**	[liku'watɨsʲa]
tratar (vt)	**лікувати**	[liku'watɨ]
cuidar (pessoa)	**доглядати**	[doɦlʲa'datɨ]
cuidados (m pl)	**догляд** (ч)	['dɔɦlʲad]
operação (f)	**операція** (ж)	[opɛ'ratsʲa]
enfaixar (vt)	**перев'язати**	[pɛrɛwˀʲa'zatɨ]
enfaixamento (m)	**перев'язка** (ж)	[pɛrɛ'wˀʲazka]
vacinação (f)	**щеплення** (с)	['ɕɛplɛnʲa]
vacinar (vt)	**робити щеплення**	[ro'bɨtɨ 'ɕɛplɛnʲa]
injeção (f)	**ін'єкція** (ж)	[i'nˀɛktsʲa]
dar uma injeção	**робити укол**	[ro'bɨtɨ u'kɔl]
ataque (~ de asma, etc.)	**напад**	['napad]
amputação (f)	**ампутація** (ж)	[ampu'tatsʲa]
amputar (vt)	**ампутувати**	[amputu'watɨ]
coma (f)	**кома** (ж)	['kɔma]
estar em coma	**бути в комі**	['butɨ w 'kɔmi]
reanimação (f)	**реанімація** (ж)	[rɛani'matsʲa]
recuperar-se (vr)	**видужувати**	[wɨ'duʒuwatɨ]
estado (~ de saúde)	**стан** (ч)	['stan]
consciência (f)	**свідомість** (ж)	[swi'dɔmistʲ]
memória (f)	**пам'ять** (ж)	['pamˀʲatʲ]
tirar (vt)	**видалити**	['wɨdalɨtɨ]

chumbo (m), obturação (f)	пломба (ж)	['plɔmba]
chumbar, obturar (vt)	пломбувати	[plɔmbu'wati]
hipnose (f)	гіпноз (ч)	[hip'nɔz]
hipnotizar (vt)	гіпнотизувати	[hipnotizu'wati]

51. Médicos

médico (m)	лікар (ч)	['likar]
enfermeira (f)	медсестра (ж)	[mɛdsɛst'ra]
médico (m) pessoal	особистий лікар (ч)	[oso'bistij 'likar]
dentista (m)	стоматолог (ч)	[stoma'tɔloɦ]
oculista (m)	окуліст (ч)	[oku'list]
terapeuta (m)	терапевт (ч)	[tɛra'pɛwt]
cirurgião (m)	хірург (ч)	[hi'rurɦ]
psiquiatra (m)	психіатр (ч)	[psiɦi'atr]
pediatra (m)	педіатр (ч)	[pɛdi'atr]
psicólogo (m)	психолог (ч)	[psi'hɔloɦ]
ginecologista (m)	гінеколог (ч)	[ɦinɛ'kɔloɦ]
cardiologista (m)	кардіолог (ч)	[kardi'ɔloɦ]

52. Medicina. Drogas. Acessórios

medicamento (m)	ліки (мн)	['liki]
remédio (m)	засіб (ч)	['zasib]
receitar (vt)	прописати	[propi'sati]
receita (f)	рецепт (ч)	[rɛ'ʦɛpt]
comprimido (m)	пігулка (ж)	[pi'ɦulka]
pomada (f)	мазь (ж)	[mazʲ]
ampola (f)	ампула (ж)	['ampula]
preparado (m)	мікстура (ж)	[miks'tura]
xarope (m)	сироп (ч)	[si'rɔp]
cápsula (f)	пігулка (ж)	[pi'ɦulka]
remédio (m) em pó	порошок (ч)	[poro'ʃɔk]
ligadura (f)	бинт (ч)	[bint]
algodão (m)	вата (ж)	['wata]
iodo (m)	йод (ч)	[ʲod]
penso (m) rápido	лейкопластир (ч)	[lɛjko'plastir]
conta-gotas (m)	піпетка (ж)	[pi'pɛtka]
termómetro (m)	градусник (ч)	['ɦradusnik]
seringa (f)	шприц (ч)	[ʃpriʦ]
cadeira (f) de rodas	інвалідне крісло (с)	[inwa'lidnɛ 'krislo]
muletas (f pl)	милиці (мн)	['miliʦi]
analgésico (m)	знеболювальне (с)	[znɛ'bɔlʲuwalʲnɛ]
laxante (m)	проносне (с)	[pronos'nɛ]

álcool (m) etílico спирт (ч) [spirt]
ervas (f pl) medicinais лікарська трава (ж) ['likarsʲka tra'wa]
de ervas (chá ~) трав'яний [traw'ʲa'nij]

HABITAT HUMANO

Cidade

53. Cidade. Vida na cidade

cidade (f)	місто (с)	['misto]
capital (f)	столиця (ж)	[sto'litsʲa]
aldeia (f)	село (с)	[sɛ'lɔ]

mapa (m) da cidade	план (ч) міста	[plan 'mista]
centro (m) da cidade	центр (ч) міста	[tsɛntr 'mista]
subúrbio (m)	передмістя (с)	[pɛrɛd'mistʲa]
suburbano	приміський	[primisʲ'kij]

periferia (f)	околиця (ж)	[o'kɔlitsʲa]
arredores (m pl)	околиці (мн)	[o'kɔlitsi]
quarteirão (m)	квартал (ч)	[kwar'tal]
quarteirão (m) residencial	житловий квартал (ч)	[ʒitlo'wij kwar'tal]

tráfego (m)	вуличний рух (ч)	['wulitʃnij ruh]
semáforo (m)	світлофор (ч)	[switlo'fɔr]
transporte (m) público	міський транспорт (ч)	[misʲ'kij 'transport]
cruzamento (m)	перехрестя (с)	[pɛrɛh'rɛstʲa]

passadeira (f)	пішохідний перехід (ч)	[piʃo'hidnij pɛrɛ'hid]
passagem (f) subterrânea	підземний перехід (ч)	[pi'dzɛmnij pɛrɛ'hid]
cruzar, atravessar (vt)	переходити	[pɛrɛ'hɔditi]
peão (m)	пішохід (ч)	[piʃo'hid]
passeio (m)	тротуар (ч)	[trotu'ar]

ponte (f)	міст (ч)	[mist]
margem (f) do rio	набережна (ж)	['nabɛrɛʒna]
fonte (f)	фонтан (ч)	[fon'tan]

alameda (f)	алея (ж)	[a'lɛʲa]
parque (m)	парк (ч)	[park]
bulevar (m)	бульвар (ч)	[bulʲ'war]
praça (f)	площа (ж)	['plɔɕa]
avenida (f)	проспект (ч)	[pros'pɛkt]
rua (f)	вулиця (ж)	['wulitsʲa]
travessa (f)	провулок (ч)	[pro'wulok]
beco (m) sem saída	глухий кут (ч)	[ɦlu'hij kut]

casa (f)	будинок (ч)	[bu'dinok]
edifício, prédio (m)	споруда (ж)	[spo'ruda]
arranha-céus (m)	хмарочос (ч)	[hmaro'tʃɔs]
fachada (f)	фасад (ч)	[fa'sad]
telhado (m)	дах (ч)	[dah]

janela (f)	вікно (c)	[wik'nɔ]
arco (m)	арка (ж)	['arka]
coluna (f)	колона (ж)	[ko'lɔna]
esquina (f)	ріг (ч)	[riɦ]

montra (f)	вітрина (ж)	[wi'trina]
letreiro (m)	вивіска (ж)	['wiwiska]
cartaz (m)	афіша (ж)	[a'fiʃa]
cartaz (m) publicitário	рекламний плакат (ч)	[rɛk'lamnij pla'kat]
painel (m) publicitário	рекламний щит (ч)	[rɛk'lamnij ɕit]

lixo (m)	сміття (c)	[smit'tʲa]
cesta (f) do lixo	урна (ж)	['urna]
jogar lixo na rua	смітити	[smi'titi]
aterro (m) sanitário	смітник (ч)	[smit'nik]

cabine (f) telefónica	телефонна будка (ж)	[tɛlɛ'fɔna 'budka]
candeeiro (m) de rua	ліхтарний стовп (ч)	[lih'tarnij stowp]
banco (m)	лавка (ж)	['lawka]

polícia (m)	поліцейський (ч)	[poli'tsɛjsʲkij]
polícia (instituição)	поліція (ж)	[po'litsiʲa]
mendigo (m)	жебрак (ч)	[ʒɛb'rak]
sem-abrigo (m)	безпритульний (ч)	[bɛzpri'tulʲnij]

54. Instituições urbanas

loja (f)	магазин (ч)	[maɦa'zin]
farmácia (f)	аптека (ж)	[ap'tɛka]
ótica (f)	оптика (ж)	['ɔptika]
centro (m) comercial	торгівельний центр (ч)	[torɦi'wɛlʲnij 'tsɛntr]
supermercado (m)	супермаркет (ч)	[supɛr'markɛt]

padaria (f)	пекарня (ж)	[pɛ'karnʲa]
padeiro (m)	пекар (ч)	['pɛkar]
pastelaria (f)	кондитерська (ж)	[kon'ditɛrsʲka]
mercearia (f)	бакалія (ж)	[baka'liʲa]
talho (m)	м'ясний магазин (ч)	[mʲas'nij maɦa'zin]

loja (f) de legumes	овочевий магазин (ч)	[owo'tʃɛwij maɦa'zin]
mercado (m)	ринок (ч)	['rinok]

café (m)	кав'ярня (ж)	[ka'wʲarnʲa]
restaurante (m)	ресторан (ч)	[rɛsto'ran]
bar (m), cervejaria (f)	пивна (ж)	[piw'na]
pizzaria (f)	піцерія (ж)	[pitsɛ'riʲa]

salão (m) de cabeleireiro	перукарня (ж)	[pɛru'karnʲa]
correios (m pl)	пошта (ж)	['pɔʃta]
lavandaria (f)	хімчистка (ж)	[him'tʃistka]
estúdio (m) fotográfico	фотоательє (c)	[fotoatɛ'lʲɛ]

sapataria (f)	взуттєвий магазин (ч)	[wzut'tɛwij maɦa'zin]
livraria (f)	книгарня (ж)	[kni'ɦarnʲa]

loja (f) de artigos de desporto	**спортивний магазин** (ч)	[spor'tiwnij maɦa'zin]
reparação (f) de roupa	**ремонт** (ч) **одягу**	[rɛ'mɔnt 'ɔdʲaɦu]
aluguer (m) de roupa	**прокат** (ч) **одягу**	[pro'kat 'ɔdʲaɦu]
aluguer (m) de filmes	**прокат** (ч) **фільмів**	[pro'kat 'filʲmiw]
circo (m)	**цирк** (ч)	[ʦirk]
jardim (m) zoológico	**зоопарк** (ч)	[zoo'park]
cinema (m)	**кінотеатр** (ч)	[kinotɛ'atr]
museu (m)	**музей** (ч)	[mu'zɛj]
biblioteca (f)	**бібліотека** (ж)	[biblio'tɛka]
teatro (m)	**театр** (ч)	[tɛ'atr]
ópera (f)	**опера** (ж)	['ɔpɛra]
clube (m) noturno	**нічний клуб** (ч)	[niʧ'nij klub]
casino (m)	**казино** (с)	[kazi'nɔ]
mesquita (f)	**мечеть** (ж)	[mɛ'ʧɛtʲ]
sinagoga (f)	**синагога** (ж)	[sina'ɦɔɦa]
catedral (f)	**собор** (ч)	[so'bɔr]
templo (m)	**храм** (ч)	[hram]
igreja (f)	**церква** (ж)	['ʦɛrkwa]
instituto (m)	**інститут** (ч)	[insti'tut]
universidade (f)	**університет** (ч)	[uniwɛrsi'tɛt]
escola (f)	**школа** (ж)	['ʃkɔla]
prefeitura (f)	**префектура** (ж)	[prɛfɛk'tura]
câmara (f) municipal	**мерія** (ж)	['mɛriʲa]
hotel (m)	**готель** (ч)	[ɦo'tɛlʲ]
banco (m)	**банк** (ч)	[bank]
embaixada (f)	**посольство** (с)	[po'sɔlʲstwo]
agência (f) de viagens	**турагентство** (с)	[tura'ɦɛnʦtwo]
agência (f) de informações	**довідкове бюро** (с)	[dowid'kɔwɛ bʲu'rɔ]
casa (f) de câmbio	**обмінний пункт** (ч)	[ob'minij punkt]
metro (m)	**метро** (с)	[mɛt'rɔ]
hospital (m)	**лікарня** (ж)	[li'karnʲa]
posto (m) de gasolina	**автозаправка** (ж)	[awtoza'prawka]
parque (m) de estacionamento	**автостоянка** (ж)	[awtosto'ʲanka]

55. Sinais

letreiro (m)	**вивіска** (ж)	['wiwiska]
inscrição (f)	**напис** (ч)	['napis]
cartaz, póster (m)	**плакат** (ч)	[pla'kat]
sinal (m) informativo	**вказівник** (ч)	[wkaziw'nik]
seta (f)	**стрілка** (ж)	['strilka]
aviso (advertência)	**застереження** (с)	[zastɛ'rɛʒɛnʲa]
sinal (m) de aviso	**попередження** (с)	[popɛ'rɛʤɛnʲa]
avisar, advertir (vt)	**попереджувати**	[popɛ'rɛʤuwati]
dia (m) de folga	**вихідний день** (ч)	[wihid'nij dɛnʲ]

horário (m)	розклад (ч)	['rɔzklad]
horário (m) de funcionamento	години (мн) роботи	[ɦo'dini ro'bɔti]
BEM-VINDOS!	ЛАСКАВО ПРОСИМО!	[las'kawo 'prɔsimo]
ENTRADA	ВХІД	[whid]
SAÍDA	ВИХІД	['wihid]
EMPURRE	ВІД СЕБЕ	[wid 'sɛbɛ]
PUXE	ДО СЕБЕ	[do 'sɛbɛ]
ABERTO	ВІДЧИНЕНО	[wid'tʃinɛno]
FECHADO	ЗАЧИНЕНО	[za'tʃinɛno]
MULHER	ДЛЯ ЖІНОК	[dlʲa ʒi'nɔk]
HOMEM	ДЛЯ ЧОЛОВІКІВ	[dlʲa tʃolowi'kiw]
DESCONTOS	ЗНИЖКИ	['zniʒki]
SALDOS	РОЗПРОДАЖ	[rozp'rɔdaʒ]
NOVIDADE!	НОВИНКА!	[no'winka]
GRÁTIS	БЕЗКОШТОВНО	[bɛzkoʃ'towno]
ATENÇÃO!	УВАГА!	[u'waɦa]
NÃO HÁ VAGAS	МІСЦЬ НЕМАЄ	[mists nɛ'maɛ]
RESERVADO	ЗАРЕЗЕРВОВАНО	[zarɛzɛr'wowano]
ADMINISTRAÇÃO	АДМІНІСТРАЦІЯ	[admini'stratsʲia]
SOMENTE PESSOAL AUTORIZADO	ТІЛЬКИ ДЛЯ ПЕРСОНАЛУ	['tilʲki dlʲa pɛrso'nalu]
CUIDADO CÃO FEROZ	ОБЕРЕЖНО! ЗЛИЙ ПЕС	[obɛ'rɛʒno! zlij pɛs]
PROIBIDO FUMAR!	ПАЛИТИ ЗАБОРОНЕНО	[pa'liti zabo'rɔnɛno]
NÃO TOCAR	НЕ ТОРКАТИСЯ!	[nɛ tor'katisʲa]
PERIGOSO	НЕБЕЗПЕЧНО	[nɛbɛz'pɛtʃno]
PERIGO	НЕБЕЗПЕКА	[nɛbɛz'pɛka]
ALTA TENSÃO	ВИСОКА НАПРУГА	[wi'sɔka na'pruɦa]
PROIBIDO NADAR	КУПАТИСЯ ЗАБОРОНЕНО	[ku'patisʲa zabo'rɔnɛno]
AVARIADO	НЕ ПРАЦЮЄ	[nɛ pra'tsʲuɛ]
INFLAMÁVEL	ВОГНЕНЕБЕЗПЕЧНО	[woɦnɛnɛbɛz'pɛtʃno]
PROIBIDO	ЗАБОРОНЕНО	[zabo'rɔnɛno]
ENTRADA PROIBIDA	ПРОХІД ЗАБОРОНЕНО	[pro'hid zabo'rɔnɛno]
CUIDADO TINTA FRESCA	ПОФАРБОВАНО	[pofar'bowano]

56. Transportes urbanos

autocarro (m)	автобус (ч)	[aw'tɔbus]
elétrico (m)	трамвай (ч)	[tram'waj]
troleicarro (m)	тролейбус (ч)	[tro'lɛjbus]
itinerário (m)	маршрут (ч)	[marʃ'rut]
número (m)	номер (ч)	['nɔmɛr]
ir de ... (carro, etc.)	їхати на...	['jihati na]
entrar (~ no autocarro)	сісти	['sisti]
descer de ...	вийти	['wijti]

paragem (f)	**зупинка** (ж)	[zu'pɨnka]
próxima paragem (f)	**наступна зупинка** (ж)	[na'stupna zu'pɨnka]
ponto (m) final	**кінцева зупинка** (ж)	[kin'ʦɛwa zu'pɨnka]
horário (m)	**розклад** (ч)	['rɔzklad]
esperar (vt)	**чекати**	[ʧɛ'katɨ]
bilhete (m)	**квиток** (ч)	[kwɨ'tɔk]
custo (m) do bilhete	**вартість** (ж) **квитка**	['wartistʲ kwɨt'ka]
bilheteiro (m)	**касир** (ч)	[ka'sɨr]
controlo (m) dos bilhetes	**контроль** (ч)	[kon'trɔlʲ]
revisor (m)	**контролер** (ч)	[kontro'lɛr]
atrasar-se (vr)	**запізнюватися**	[za'piznʲuwatɨsʲa]
perder (o autocarro, etc.)	**спізнитися**	[spiz'nɨtɨsʲa]
estar com pressa	**поспішати**	[pospi'ʃatɨ]
táxi (m)	**таксі** (с)	[tak'si]
taxista (m)	**таксист** (ч)	[tak'sɨst]
de táxi (ir ~)	**на таксі**	[na tak'si]
praça (f) de táxis	**стоянка таксі**	[sto'ʲanka tak'si]
chamar um táxi	**викликати таксі**	['wɨklɨkatɨ tak'si]
apanhar um táxi	**взяти таксі**	['wzʲatɨ tak'si]
tráfego (m)	**вуличний рух** (ч)	['wulɨʧnɨj ruh]
engarrafamento (m)	**затор** (ч)	[za'tɔr]
horas (f pl) de ponta	**години** (мн) **пік**	[ɦo'dɨnɨ pik]
estacionar (vi)	**паркуватися**	[parku'watɨsʲa]
estacionar (vt)	**паркувати**	[parku'watɨ]
parque (m) de estacionamento	**стоянка** (ж)	[sto'ʲanka]
metro (m)	**метро** (с)	[mɛt'rɔ]
estação (f)	**станція** (ж)	['stanʦiʲa]
ir de metro	**їхати в метро**	['jihatɨ w mɛt'rɔ]
comboio (m)	**поїзд** (ч)	['pɔjɨzd]
estação (f)	**вокзал** (ч)	[wok'zal]

57. Turismo

monumento (m)	**пам'ятник** (ч)	['pamʔʲatnɨk]
fortaleza (f)	**фортеця** (ж)	[for'tɛʦʲa]
palácio (m)	**палац** (ч)	[pa'laʦ]
castelo (m)	**замок** (ч)	['zamok]
torre (f)	**вежа** (ж)	['wɛʒa]
mausoléu (m)	**мавзолей** (ч)	[mawzo'lɛj]
arquitetura (f)	**архітектура** (ж)	[arhitɛk'tura]
medieval	**середньовічний**	[sɛrɛdnʲo'wiʧnɨj]
antigo	**старовинний**	[staro'wɨnɨj]
nacional	**національний**	[naʦio'nalʲnɨj]
conhecido	**відомий**	[wi'dɔmɨj]
turista (m)	**турист** (ч)	[tu'rɨst]
guia (pessoa)	**гід** (ч)	[ɦid]

excursão (f)	екскурсія (ж)	[ɛks'kursi͡a]
mostrar (vt)	показувати	[po'kazuwati]
contar (vt)	розповідати	[rozpowi'dati]
encontrar (vt)	знайти	[znaj'ti]
perder-se (vr)	загубитися	[zaɦu'bitis͡a]
mapa (~ do metrô)	схема (ж)	['shɛma]
mapa (~ da cidade)	план (ч)	[plan]
lembrança (f), presente (m)	сувенір (ч)	[suwɛ'nir]
loja (f) de presentes	магазин (ч) сувенірів	[maɦa'zin suwɛ'niriw]
fotografar (vt)	фотографувати	[fotoɦrafu'wati]
fotografar-se	фотографуватися	[fotoɦrafu'watis͡a]

58. Compras

comprar (vt)	купляти	[kup'l͡ati]
compra (f)	покупка (ж)	[po'kupka]
fazer compras	робити покупки	[ro'biti po'kupki]
compras (f pl)	шопінг (ч)	['ʃopinɦ]
estar aberta (loja, etc.)	працювати	[prats͡u'wati]
estar fechada	зачинитися	[zatʃi'nitis͡a]
calçado (m)	взуття (с)	[wzut't͡a]
roupa (f)	одяг (ч)	['ɔd͡aɦ]
cosméticos (m pl)	косметика (ж)	[kos'mɛtika]
alimentos (m pl)	продукти (мн)	[pro'dukti]
presente (m)	подарунок (ч)	[poda'runok]
vendedor (m)	продавець (ч)	[proda'wɛts]
vendedora (f)	продавщиця (ж)	[prodaw'ɕits͡a]
caixa (f)	каса (ж)	['kasa]
espelho (m)	дзеркало (с)	['dzɛrkalo]
balcão (m)	прилавок (ч)	[pri'lawok]
cabine (f) de provas	примірочна (ж)	[pri'mirotʃna]
provar (vt)	приміряти	[pri'mir͡ati]
servir (vi)	пасувати	[pasu'wati]
gostar (apreciar)	подобатися	[po'dɔbatis͡a]
preço (m)	ціна (ж)	[tsi'na]
etiqueta (f) de preço	цінник (ч)	['tsinik]
custar (vt)	коштувати	['kɔʃtuwati]
Quanto?	Скільки?	['skil'ki]
desconto (m)	знижка (ж)	['zniʒka]
não caro	недорогий	[nɛdoro'ɦij]
barato	дешевий	[dɛ'ʃɛwij]
caro	дорогий	[doro'ɦij]
É caro	Це дорого.	[tsɛ 'dɔroɦo]
aluguer (m)	прокат (ч)	[pro'kat]
alugar (vestidos, etc.)	взяти напрокат	['wz͡ati napro'kat]

crédito (m)	**кредит** (ч)	[krɛ'dɨt]
a crédito	**в кредит**	[w krɛ'dɨt]

59. Dinheiro

dinheiro (m)	**гроші** (мн)	['ɦrɔʃi]
câmbio (m)	**обмін** (ч)	['ɔbmin]
taxa (f) de câmbio	**курс** (ч)	[kurs]
Caixa Multibanco (m)	**банкомат** (ч)	[banko'mat]
moeda (f)	**монета** (ж)	[mo'nɛta]
dólar (m)	**долар** (ч)	['dɔlar]
euro (m)	**євро** (с)	['ɛwro]
lira (f)	**італійська ліра** (ж)	[ita'lijsʲka 'lira]
marco (m)	**марка** (ж)	['marka]
franco (m)	**франк** (ч)	['frank]
libra (f) esterlina	**фунт** (ч)	['funt]
iene (m)	**єна** (ж)	['ɛna]
dívida (f)	**борг** (ч)	['bɔrɦ]
devedor (m)	**боржник** (ч)	[borʒ'nɨk]
emprestar (vt)	**позичити**	[po'zɨʧɨtɨ]
pedir emprestado	**взяти в борг**	['wzʲatɨ w borɦ]
banco (m)	**банк** (ч)	[bank]
conta (f)	**рахунок** (ч)	[ra'hunok]
depositar (vt)	**покласти**	[pok'lastɨ]
depositar na conta	**покласти на рахунок**	[pok'lastɨ na ra'hunok]
levantar (vt)	**зняти з рахунку**	['znʲatɨ z ra'hunku]
cartão (m) de crédito	**кредитна картка** (ж)	[krɛ'dɨtna 'kartka]
dinheiro (m) vivo	**готівка** (ж)	[ɦo'tiwka]
cheque (m)	**чек** (ч)	[ʧɛk]
passar um cheque	**виписати чек**	['wɨpɨsatɨ 'ʧɛk]
livro (m) de cheques	**чекова книжка** (ж)	['ʧɛkowa 'knɨʒka]
carteira (f)	**портмоне** (с)	[portmo'nɛ]
porta-moedas (m)	**гаманець** (ч)	[ɦama'nɛʦ]
cofre (m)	**сейф** (ч)	[sɛjf]
herdeiro (m)	**спадкоємець** (ч)	[spadko'ɛmɛʦ]
herança (f)	**спадщина** (ж)	['spadɕina]
fortuna (riqueza)	**статок** (ч)	['statok]
arrendamento (m)	**оренда** (ж)	[o'rɛnda]
renda (f) de casa	**квартирна плата** (ж)	[kwar'tɨrna 'plata]
alugar (vt)	**зняти**	['znʲatɨ]
preço (m)	**ціна** (ж)	[ʦi'na]
custo (m)	**вартість** (ж)	['wartistʲ]
soma (f)	**сума** (ж)	['suma]
gastar (vt)	**витрачати**	[wɨtra'ʧatɨ]
gastos (m pl)	**витрати** (мн)	['wɨtratɨ]

economizar (vi)	**економити**	[ɛko'nɔmitɨ]
económico	**економний**	[ɛko'nɔmnɨj]
pagar (vt)	**платити**	[pla'tɨtɨ]
pagamento (m)	**оплата** (ж)	[op'lata]
troco (m)	**решта** (ж)	['rɛʃta]
imposto (m)	**податок** (ч)	[po'datok]
multa (f)	**штраф** (ч)	[ʃtraf]
multar (vt)	**штрафувати**	[ʃtrafu'watɨ]

60. Correios. Serviço postal

correios (m pl)	**пошта** (ж)	['pɔʃta]
correio (m)	**пошта** (ж)	['pɔʃta]
carteiro (m)	**листоноша** (ч)	[lɨsto'nɔʃa]
horário (m)	**години** (мн) **роботи**	[ɦo'dɨnɨ ro'bɔtɨ]
carta (f)	**лист** (ч)	[lɨst]
carta (f) registada	**рекомендований лист** (ч)	[rɛkomɛn'dɔwanɨj lɨst]
postal (m)	**листівка** (ж)	[lɨs'tiwka]
telegrama (m)	**телеграма** (ж)	[tɛlɛ'ɦrama]
encomenda (f) postal	**посилка** (ж)	[po'sɨlka]
remessa (f) de dinheiro	**грошовий переказ** (ч)	[ɦroʃo'wɨj pɛ'rɛkaz]
receber (vt)	**отримати**	[ot'rɨmatɨ]
enviar (vt)	**відправити**	[wid'prawɨtɨ]
envio (m)	**відправлення** (с)	[wid'prawlɛnʲa]
endereço (m)	**адреса** (ж)	[ad'rɛsa]
código (m) postal	**індекс** (ч)	['indɛks]
remetente (m)	**відправник** (ч)	[wid'prawnɨk]
destinatário (m)	**одержувач** (ч)	[o'dɛrʒuwatʃ]
nome (m)	**ім'я** (с)	[i'mʔʲa]
apelido (m)	**прізвище** (с)	['prizwɨɕɛ]
tarifa (f)	**тариф** (ч)	[ta'rɨf]
ordinário	**звичайний**	[zwɨ'tʃajnɨj]
económico	**економічний**	[ɛkono'mitʃnɨj]
peso (m)	**вага** (ж)	[wa'ɦa]
pesar (estabelecer o peso)	**зважувати**	['zwaʒuwatɨ]
envelope (m)	**конверт** (ч)	[kon'wɛrt]
selo (m)	**марка** (ж)	['marka]
colar o selo	**приклеювати марку**	[prɨk'lɛʲuwatɨ 'marku]

Moradia. Casa. Lar

61. Casa. Eletricidade

eletricidade (f)	електрика (ж)	[ɛˈlɛktrika]
lâmpada (f)	лампочка (ж)	[ˈlampotʃka]
interruptor (m)	вимикач (ч)	[wimiˈkatʃ]
fusível (m)	пробка (ж)	[ˈprɔbka]
fio, cabo (m)	провід (ч)	[ˈprɔwid]
instalação (f) elétrica	проводка (ж)	[proˈwɔdka]
contador (m) de eletricidade	лічильник (ч)	[liˈtʃilʲnik]
indicação (f), registo (m)	показання (с)	[pokaˈzanʲa]

62. Moradia. Mansão

casa (f) de campo	будинок (ч) за містом	[buˈdinok za ˈmistom]
vila (f)	вілла (ж)	[ˈwilla]
ala (~ do edifício)	крило (с)	[kriˈlɔ]
jardim (m)	сад (ч)	[sad]
parque (m)	парк (ч)	[park]
estufa (f)	оранжерея (ж)	[oranʒɛˈrɛʲa]
cuidar de ...	доглядати	[doɦlʲaˈdati]
piscina (f)	басейн (ч)	[baˈsɛjn]
ginásio (m)	спортивний зал (ч)	[sporˈtiwnij ˈzal]
campo (m) de ténis	тенісний корт (ч)	[ˈtɛnisnij ˈkɔrt]
cinema (m)	кінотеатр (ч)	[kinotɛˈatr]
garagem (f)	гараж (ч)	[ɦaˈraʒ]
propriedade (f) privada	приватна власність (ж)	[priˈwatna ˈwlasnistʲ]
terreno (m) privado	приватні володіння (мн)	[priˈwatni woloˈdinʲa]
advertência (f)	попередження (с)	[popɛˈrɛdʒɛnʲa]
sinal (m) de aviso	попереджувальний напис (ч)	[popɛˈrɛdʒuwalʲnij ˈnapis]
guarda (f)	охорона (ж)	[oɦoˈrɔna]
guarda (m)	охоронник (ч)	[oɦoˈrɔnik]
alarme (m)	сигналізація (ж)	[siɦnaliˈzatsiʲa]

63. Apartamento

apartamento (m)	квартира (ж)	[kwarˈtira]
quarto (m)	кімната (ж)	[kimˈnata]

quarto (m) de dormir	**спальня** (ж)	['spalʲnʲa]
sala (f) de jantar	**їдальня** (ж)	['jɨdalʲnʲa]
sala (f) de estar	**вітальня** (ж)	[wi'talʲnʲa]
escritório (m)	**кабінет** (ч)	[kabi'nɛt]
antessala (f)	**передпокій** (ч)	[pɛrɛd'pɔkij]
quarto (m) de banho	**ванна кімната** (ж)	['wana kim'nata]
toilette (lavabo)	**туалет** (ч)	[tua'lɛt]
teto (m)	**стеля** (ж)	['stɛlʲa]
chão, soalho (m)	**підлога** (ж)	[pid'lɔɦa]
canto (m)	**куток** (ч)	[ku'tɔk]

64. Mobiliário. Interior

mobiliário (m)	**меблі** (мн)	['mɛbli]
mesa (f)	**стіл** (ч)	[stil]
cadeira (f)	**стілець** (ч)	[sti'lɛʦ]
cama (f)	**ліжко** (с)	['liʒko]
divã (m)	**диван** (ч)	[dɨ'wan]
cadeirão (m)	**крісло** (с)	['krislo]
estante (f)	**шафа** (ж)	['ʃafa]
prateleira (f)	**полиця** (ж)	[po'lɨʦʲa]
guarda-vestidos (m)	**шафа** (ж)	['ʃafa]
cabide (m) de parede	**вішалка** (ж)	['wiʃalka]
cabide (m) de pé	**вішак** (ч)	[wi'ʃak]
cómoda (f)	**комод** (ч)	[ko'mɔd]
mesinha (f) de centro	**журнальний столик** (ч)	[ʒur'nalʲnɨj 'stɔlɨk]
espelho (m)	**дзеркало** (с)	['ʣɛrkalo]
tapete (m)	**килим** (ч)	['kɨlɨm]
tapete (m) pequeno	**килимок** (ч)	[kɨlɨ'mɔk]
lareira (f)	**камін** (ч)	[ka'min]
vela (f)	**свічка** (ж)	['swiʧka]
castiçal (m)	**свічник** (ч)	[swiʧ'nɨk]
cortinas (f pl)	**штори** (мн)	['ʃtɔrɨ]
papel (m) de parede	**шпалери** (мн)	[ʃpa'lɛrɨ]
estores (f pl)	**жалюзі** (мн)	['ʒalʲuzi]
candeeiro (m) de mesa	**настільна лампа** (ж)	[na'stilʲna 'lampa]
candeeiro (m) de parede	**світильник** (ч)	[swi'tilʲnɨk]
candeeiro (m) de pé	**торшер** (ч)	[tor'ʃɛr]
lustre (m)	**люстра** (ж)	['lʲustra]
pé (de mesa, etc.)	**ніжка** (ж)	['niʒka]
braço (m)	**підлокітник** (ч)	[pidlo'kitnɨk]
costas (f pl)	**спинка** (ж)	['spɨnka]
gaveta (f)	**шухляда** (ж)	[ʃuh'lʲada]

65. Quarto de dormir

roupa (f) de cama	**білизна** (ж)	[bi'lɨzna]
almofada (f)	**подушка** (ж)	[po'duʃka]
fronha (f)	**наволочка** (ж)	['nawolotʃka]
cobertor (m)	**ковдра** (ж)	['kɔwdra]
lençol (m)	**простирадло** (с)	[prostɨ'radlo]
colcha (f)	**покривало** (с)	[pokrɨ'walo]

66. Cozinha

cozinha (f)	**кухня** (ж)	['kuhnʲa]
gás (m)	**газ** (ч)	[ɦaz]
fogão (m) a gás	**плита** (ж) **газова**	[plɨ'ta 'ɦazowa]
fogão (m) elétrico	**плита** (ж) **електрична**	[plɨ'ta ɛlɛkt'rɨtʃna]
forno (m)	**духовка** (ж)	[du'hɔwka]
forno (m) de micro-ondas	**мікрохвильова піч** (ж)	[mikrohwɨlʲo'wa pitʃ]
frigorífico (m)	**холодильник** (ч)	[holo'dɨlʲnɨk]
congelador (m)	**морозильник** (ч)	[moro'zɨlʲnɨk]
máquina (f) de lavar louça	**посудомийна машина** (ж)	[posudo'mɨjna ma'ʃɨna]
moedor (m) de carne	**м'ясорубка** (ж)	[mʔʲaso'rubka]
espremedor (m)	**соковижималка** (ж)	[sokowɨʒɨ'malka]
torradeira (f)	**тостер** (ч)	['tɔstɛr]
batedeira (f)	**міксер** (ч)	['miksɛr]
máquina (f) de café	**кавоварка** (ж)	[kawo'warka]
cafeteira (f)	**кавник** (ч)	[kaw'nɨk]
moinho (m) de café	**кавомолка** (ж)	[kawo'mɔlka]
chaleira (f)	**чайник** (ч)	['tʃajnɨk]
bule (m)	**заварник** (ч)	[za'warnɨk]
tampa (f)	**кришка** (ж)	['krɨʃka]
coador (m) de chá	**ситечко** (с)	['sɨtɛtʃko]
colher (f)	**ложка** (ж)	['lɔʒka]
colher (f) de chá	**чайна ложка** (ж)	['tʃajna 'lɔʒka]
colher (f) de sopa	**столова ложка** (ж)	[sto'lɔwa 'lɔʒka]
garfo (m)	**виделка** (ж)	[wɨ'dɛlka]
faca (f)	**ніж** (ч)	[niʒ]
louça (f)	**посуд** (ч)	['pɔsud]
prato (m)	**тарілка** (ж)	[ta'rilka]
pires (m)	**блюдце** (с)	['blʲudʦɛ]
cálice (m)	**чарка** (ж)	['tʃarka]
copo (m)	**склянка** (ж)	['sklʲanka]
chávena (f)	**чашка** (ж)	['tʃaʃka]
açucareiro (m)	**цукорниця** (ж)	['ʦukornɨʦʲa]
saleiro (m)	**сільничка** (ж)	[silʲ'nɨtʃka]
pimenteiro (m)	**перечниця** (ж)	['pɛrɛtʃnɨʦʲa]

manteigueira (f)	**маслянка** (ж)	['maslʲanka]
panela, caçarola (f)	**каструля** (ж)	[kas'trulʲa]
frigideira (f)	**сковорідка** (ж)	[skowo'ridka]
concha (f)	**черпак** (ч)	[ʧɛr'pak]
passador (m)	**друшляк** (ч)	[druʃ'lʲak]
bandeja (f)	**піднос** (ч)	[pid'nɔs]
garrafa (f)	**пляшка** (ж)	['plʲaʃka]
boião (m) de vidro	**банка** (ж)	['banka]
lata (f)	**бляшанка** (ж)	[blʲa'ʃanka]
abre-garrafas (m)	**відкривачка** (ж)	[widkrɨ'waʧka]
abre-latas (m)	**відкривачка** (ж)	[widkrɨ'waʧka]
saca-rolhas (m)	**штопор** (ч)	['ʃtɔpor]
filtro (m)	**фільтр** (ч)	['filʲtr]
filtrar (vt)	**фільтрувати**	[filʲtru'watɨ]
lixo (m)	**сміття** (с)	[smit'tʲa]
balde (m) do lixo	**відро** (с) **для сміття**	[wid'ro dlʲa smit'tʲa]

67. Casa de banho

quarto (m) de banho	**ванна кімната** (ж)	['wana kim'nata]
água (f)	**вода** (ж)	[wo'da]
torneira (f)	**кран** (ч)	[kran]
água (f) quente	**гаряча вода** (ж)	[ɦa'rʲaʧa wo'da]
água (f) fria	**холодна вода** (ж)	[ho'lɔdna wo'da]
pasta (f) de dentes	**зубна паста** (ж)	[zub'na 'pasta]
escovar os dentes	**чистити зуби**	['ʧistɨtɨ 'zubɨ]
escova (f) de dentes	**зубна щітка** (ж)	[zub'na 'ɕitka]
barbear-se (vr)	**голитися**	[ɦo'litisʲa]
espuma (f) de barbear	**піна** (ж) **для гоління**	['pina dlʲa ɦo'linʲa]
máquina (f) de barbear	**бритва** (ж)	['brɨtwa]
lavar (vt)	**мити**	['mɨtɨ]
lavar-se (vr)	**митися**	['mɨtisʲa]
duche (m)	**душ** (ч)	[duʃ]
tomar um duche	**приймати душ**	[prij'matɨ duʃ]
banheira (f)	**ванна** (ж)	['wana]
sanita (f)	**унітаз** (ч)	[uni'taz]
lavatório (m)	**раковина** (ж)	['rakowɨna]
sabonete (m)	**мило** (с)	['mɨlo]
saboneteira (f)	**мильниця** (ж)	['mɨlʲnɨʦʲa]
esponja (f)	**губка** (ж)	['ɦubka]
champô (m)	**шампунь** (ч)	[ʃam'punʲ]
toalha (f)	**рушник** (ч)	[ruʃ'nɨk]
roupão (m) de banho	**халат** (ч)	[ha'lat]
lavagem (f)	**прання** (с)	[pra'nʲa]
máquina (f) de lavar	**пральна машина** (ж)	['pralʲna ma'ʃɨna]

| lavar a roupa | прати білизну | ['prati bi'liznu] |
| detergente (m) | пральний порошок (ч) | ['pralʲnij poro'ʃɔk] |

68. Eletrodomésticos

televisor (m)	телевізор (ч)	[tɛlɛ'wizor]
gravador (m)	магнітофон (ч)	[mahnito'fɔn]
videogravador (m)	відеомагнітофон (ч)	['widɛo mahnito'fɔn]
rádio (m)	приймач (ч)	[prij'matʃ]
leitor (m)	плеєр (ч)	['plɛɛr]

projetor (m)	відеопроектор (ч)	['widɛo pro'ɛktor]
cinema (m) em casa	домашній кінотеатр (ч)	[do'maʃnij kinotɛ'atr]
leitor (m) de DVD	програвач (ч) DVD	[prohra'watʃ dɨwi'di]
amplificador (m)	підсилювач (ч)	[pid'silʲuwatʃ]
console (f) de jogos	гральна приставка (ж)	['hralʲna prɨ'stawka]

câmara (f) de vídeo	відеокамера (ж)	['widɛo 'kamɛra]
máquina (f) fotográfica	фотоапарат (ч)	[fotoapa'rat]
câmara (f) digital	цифровий фотоапарат (ч)	[tsifro'wɨj fotoapa'rat]

aspirador (m)	пилосос (ч)	[pɨlo'sɔs]
ferro (m) de engomar	праска (ж)	['praska]
tábua (f) de engomar	дошка (ж) для прасування	['dɔʃka dlʲa prasu'wanʲa]

telefone (m)	телефон (ч)	[tɛlɛ'fɔn]
telemóvel (m)	мобільний телефон (ч)	[mo'bilʲnij tɛlɛ'fɔn]
máquina (f) de escrever	писемна машинка (ж)	[pɨ'sɛmna ma'ʃɨnka]
máquina (f) de costura	швейна машинка (ж)	['ʃwɛjna ma'ʃɨnka]

microfone (m)	мікрофон (ч)	[mikro'fɔn]
auscultadores (m pl)	навушники (мн)	[na'wuʃnɨki]
controlo remoto (m)	пульт (ч)	[pulʲt]

CD (m)	CD-диск (ч)	[si'di disk]
cassete (f)	касета (ж)	[ka'sɛta]
disco (m) de vinil	платівка (ж)	[pla'tiwka]

ATIVIDADES HUMANAS

Emprego. Negócios. Parte 1

69. Escritório. O trabalho no escritório

escritório (~ de advogados)	офіс (ч)	['ɔfis]
escritório (do diretor, etc.)	кабінет (ч)	[kabi'nɛt]
receção (f)	ресепшн (ч)	[rɛ'sɛpʃn]
secretário (m)	секретар (ч)	[sɛkrɛ'tar]
secretária (f)	секретарка (ж)	[sɛkrɛ'tarka]
diretor (m)	директор (ч)	[di'rɛktor]
gerente (m)	менеджер (ч)	['mɛnɛdʒɛr]
contabilista (m)	бухгалтер (ч)	[buh'ɦaltɛr]
empregado (m)	робітник (ч)	[ro'bitnik]
mobiliário (m)	меблі (мн)	['mɛbli]
mesa (f)	стіл (ч)	[stil]
cadeira (f)	крісло (c)	['krislo]
bloco (m) de gavetas	тумбочка (ж)	['tumbotʃka]
cabide (m) de pé	вішак (ч)	[wi'ʃak]
computador (m)	комп'ютер (ч)	[kom'pʲjutɛr]
impressora (f)	принтер (ч)	['printɛr]
fax (m)	факс (ч)	[faks]
fotocopiadora (f)	копіювальний апарат (ч)	[kopiʲu'walʲnij apa'rat]
papel (m)	папір (ч)	[pa'pir]
artigos (m pl) de escritório	канцелярське приладдя (c)	[kantsɛ'lʲarsʲkɛ pri'laddʲa]
tapete (m) de rato	килимок (ч) для миші	[kilɨ'mɔk dlʲa 'miʃi]
folha (f) de papel	аркуш (ч)	['arkuʃ]
pasta (f)	папка (ж)	['papka]
catálogo (m)	каталог (ч)	[kata'lɔɦ]
diretório (f) telefónico	довідник (ч)	[do'widnik]
documentação (f)	документація (ж)	[dokumɛn'tatsiʲa]
brochura (f)	брошура (ж)	[bro'ʃura]
flyer (m)	листівка (ж)	[lis'tiwka]
amostra (f)	зразок (ч)	[zra'zɔk]
formação (f)	тренінг (ч)	['trɛninɦ]
reunião (f)	нарада (ж)	[na'rada]
hora (f) de almoço	перерва (ж) на обід	[pɛ'rɛrwa na o'bid]
fazer uma cópia	робити копію	[ro'biti 'kɔpiʲu]
tirar cópias	розмножити	[rozm'nɔʒiti]
receber um fax	отримувати факс	[ot'rimuwati faks]
enviar um fax	відправити факс	[wid'prawiti faks]

fazer uma chamada	**зателефонувати**	[zatɛlɛfonu'watɨ]
responder (vt)	**відповісти**	[widpo'wistɨ]
passar (vt)	**з'єднати**	[zʔɛd'natɨ]
marcar (vt)	**призначити**	[prɨz'natʃitɨ]
demonstrar (vt)	**демонструвати**	[dɛmonstru'watɨ]
estar ausente	**бути відсутнім**	['butɨ wid'sutnim]
ausência (f)	**пропуск** (ч)	['prɔpusk]

70. Processos negociais. Parte 1

negócio (m)	**справа** (ж), **бізнес** (ч)	['sprawa], ['biznɛs]
ocupação (f)	**справа** (ж)	['sprawa]
firma, empresa (f)	**фірма** (ж)	['firma]
companhia (f)	**компанія** (ж)	[kom'panʲa]
corporação (f)	**корпорація** (ж)	[korpo'ratsʲa]
empresa (f)	**підприємство** (с)	[pidprɨ'ɛmstwo]
agência (f)	**агентство** (с)	[a'ɦɛntstwo]
acordo (documento)	**договір** (ч)	['dɔɦowir]
contrato (m)	**контракт** (ч)	[kon'trakt]
acordo (transação)	**угода** (ж)	[u'ɦɔda]
encomenda (f)	**замовлення** (с)	[za'mɔwlɛnʲa]
cláusulas (f pl), termos (m pl)	**умова** (ж)	[u'mɔwa]
por grosso (adv)	**оптом**	['ɔptom]
por grosso (adj)	**оптовий**	[op'tɔwɨj]
venda (f) por grosso	**оптова торгівля** (ж)	[op'tɔwa tor'ɦiwlʲa]
a retalho	**роздрібний**	[rozd'ribnɨj]
venda (f) a retalho	**продаж** (ч) **в роздріб**	['prɔdaʒ w 'rɔzdrib]
concorrente (m)	**конкурент** (ч)	[konku'rɛnt]
concorrência (f)	**конкуренція** (ж)	[konku'rɛntsʲa]
competir (vi)	**конкурувати**	[konkuru'watɨ]
sócio (m)	**партнер** (ч)	[part'nɛr]
parceria (f)	**партнерство** (с)	[part'nɛrstwo]
crise (f)	**криза** (ж)	['krɨza]
bancarrota (f)	**банкрутство** (с)	[ban'krutstwo]
entrar em falência	**збанкрутувати**	[zbankrutu'watɨ]
dificuldade (f)	**складність** (ж)	['skladnistʲ]
problema (m)	**проблема** (ж)	[prob'lɛma]
catástrofe (f)	**катастрофа** (ж)	[kata'strɔfa]
economia (f)	**економіка** (ж)	[ɛko'nɔmika]
económico	**економічний**	[ɛkono'mitʃnɨj]
recessão (f) económica	**економічний спад** (ч)	[ɛkono'mitʃnɨj spad]
objetivo (m)	**мета** (ж)	[mɛ'ta]
tarefa (f)	**завдання** (с)	[zaw'danʲa]
comerciar (vi, vt)	**торгувати**	[torɦu'watɨ]
rede (de distribuição)	**мережа** (ж)	[mɛ'rɛʒa]

estoque (m)	**склад** (ч)	['sklad]
sortimento (m)	**асортимент** (ч)	[asorti'mɛnt]
líder (m)	**лідер** (ч)	['lidɛr]
grande (~ empresa)	**великий**	[wɛ'likij]
monopólio (m)	**монополія** (ж)	[mono'pɔliʲa]
teoria (f)	**теорія** (ж)	[tɛ'ɔriʲa]
prática (f)	**практика** (ж)	['praktika]
experiência (falar por ~)	**досвід** (ч)	['dɔswid]
tendência (f)	**тенденція** (ж)	[tɛn'dɛntsiʲa]
desenvolvimento (m)	**розвиток** (ч)	['rɔzwitok]

71. Processos negociais. Parte 2

rentabilidade (f)	**вигода** (ж)	['wiɦoda]
rentável	**вигідний**	['wiɦidnij]
delegação (f)	**делегація** (ж)	[dɛlɛ'ɦatsiʲa]
salário, ordenado (m)	**заробітна платня** (ж)	[zaro'bitna plat'nʲa]
corrigir (um erro)	**виправляти**	[wipraw'lʲati]
viagem (f) de negócios	**відрядження** (с)	[wid'rʲadʒɛnʲa]
comissão (f)	**комісія** (ж)	[ko'misiʲa]
controlar (vt)	**контролювати**	[kontrolʲu'wati]
conferência (f)	**конференція** (ж)	[konfɛ'rɛntsiʲa]
licença (f)	**ліцензія** (ж)	[li'tsɛnziʲa]
confiável	**надійний**	[na'dijnij]
empreendimento (m)	**починання** (с)	[potʃi'nanʲa]
norma (f)	**норма** (ж)	['nɔrma]
circunstância (f)	**обставина** (ж)	[ob'stawina]
dever (m)	**обов'язок** (ч)	[o'bɔwˀʲazok]
empresa (f)	**організація** (ж)	[orɦani'zatsiʲa]
organização (f)	**організація** (ж)	[orɦani'zatsiʲa]
organizado	**організований**	[orɦani'zɔwanij]
anulação (f)	**скасування** (с)	[skasu'wanʲa]
anular, cancelar (vt)	**скасувати**	[skasu'wati]
relatório (m)	**звіт** (ч)	[zwit]
patente (f)	**патент** (ч)	[pa'tɛnt]
patentear (vt)	**патентувати**	[patɛntu'wati]
planear (vt)	**планувати**	[planu'wati]
prémio (m)	**премія** (ж)	['prɛmiʲa]
profissional	**професійний**	[profɛ'sijnij]
procedimento (m)	**процедура** (ж)	[protsɛ'dura]
examinar (a questão)	**розглянути**	[rozɦ'lʲanuti]
cálculo (m)	**розрахунок** (ч)	[rozra'hunok]
reputação (f)	**репутація** (ж)	[rɛpu'tatsiʲa]
risco (m)	**ризик** (ч)	['rizik]
dirigir (~ uma empresa)	**керувати**	[kɛru'wati]

informação (f)	**відомості** (мн)	[wi'dɔmosti]
propriedade (f)	**власність** (ж)	['wlasnistʲ]
união (f)	**союз** (ч)	[so'ʲuz]
seguro (m) de vida	**страхування** (с) **життя**	[strahu'wanja ʒɨt'tʲa]
fazer um seguro	**страхувати**	[strahu'watɨ]
seguro (m)	**страхування** (с)	[strahu'wanʲa]
leilão (m)	**торги** (мн)	[tor'ɦɨ]
notificar (vt)	**повідомити**	[powi'dɔmɨtɨ]
gestão (f)	**управління** (с)	[upraw'linʲa]
serviço (indústria de ~s)	**послуга** (ж)	['pɔsluɦa]
fórum (m)	**форум** (ч)	['fɔrum]
funcionar (vi)	**функціонувати**	[funktsionu'watɨ]
estágio (m)	**етап** (ч)	[ɛ'tap]
jurídico	**юридичний**	[ʲurɨ'dɨtʃnɨj]
jurista (m)	**юрист** (ч)	[ʲu'rɨst]

72. Produção. Trabalhos

usina (f)	**завод** (ч)	[za'wɔd]
fábrica (f)	**фабрика** (ж)	['fabrɨka]
oficina (f)	**цех** (ч)	[tsɛh]
local (m) de produção	**виробництво** (с)	[wɨrob'nɨtstwo]
indústria (f)	**промисловість** (ж)	[promɨs'lɔwistʲ]
industrial	**промисловий**	[promɨs'lɔwɨj]
indústria (f) pesada	**важка промисловість** (ж)	[waʒ'ka promɨs'lɔwistʲ]
indústria (f) ligeira	**легка промисловість** (ж)	[lɛɦ'ka promɨs'lɔwistʲ]
produção (f)	**продукція** (ж)	[pro'duktsiʲa]
produzir (vt)	**виробляти**	[wɨrob'lʲatɨ]
matérias-primas (f pl)	**сировина** (ж)	[sɨrowɨ'na]
chefe (m) de brigada	**бригадир** (ч)	[brɨɦa'dɨr]
brigada (f)	**бригада** (ж)	[brɨ'ɦada]
operário (m)	**робітник** (ч)	[robit'nɨk]
dia (m) de trabalho	**робочий день** (ч)	[ro'bɔtʃɨj dɛnʲ]
pausa (f)	**перерва** (ж)	[pɛ'rɛrwa]
reunião (f)	**збори** (мн)	['zbɔrɨ]
discutir (vt)	**обговорювати**	[obɦo'wɔrʲuwatɨ]
plano (m)	**план** (ч)	[plan]
cumprir o plano	**виконати план**	['wɨkonatɨ plan]
taxa (f) de produção	**норма** (ж) **виробництва**	['nɔrma wɨrob'nɨtstwa]
qualidade (f)	**якість** (ж)	['ʲakistʲ]
controlo (m)	**контроль** (ч)	[kon'trɔlʲ]
controlo (m) da qualidade	**контроль** (ч) **якості**	[kon'trɔlʲ 'jakosti]
segurança (f) no trabalho	**безпека** (ж) **праці**	[bɛz'pɛka 'pratsi]
disciplina (f)	**дисципліна** (ж)	[dɨstsɨp'lina]
infração (f)	**порушення** (с)	[po'ruʃɛnʲa]

violar (as regras)	**порушувати**	[po'ruʃuwatɨ]
greve (f)	**страйк** (ч)	['strajk]
grevista (m)	**страйкар** (ч)	[straj'kar]
estar em greve	**страйкувати**	[strajku'watɨ]
sindicato (m)	**профспілка** (ж)	[profs'pilka]
inventar (vt)	**винаходити**	[wɨna'hɔdɨtɨ]
invenção (f)	**винахід** (ч)	['wɨnahid]
pesquisa (f)	**дослідження** (с)	[do'slidʒɛnʲa]
melhorar (vt)	**покращувати**	[pok'raɕuwatɨ]
tecnologia (f)	**технологія** (ж)	[tɛhno'lɔɦiʲa]
desenho (m) técnico	**креслення** (с)	['krɛslɛnʲa]
carga (f)	**вантаж** (ч)	[wan'taʒ]
carregador (m)	**вантажник** (ч)	[wan'taʒnɨk]
carregar (vt)	**вантажити**	[wan'taʒɨtɨ]
carregamento (m)	**завантаження** (с)	[zawan'taʒɛnʲa]
descarregar (vt)	**розвантажувати**	[rozwan'taʒuwatɨ]
descarga (f)	**розвантаження** (с)	[rozwan'taʒɛnʲa]
transporte (m)	**транспорт** (ч)	['transport]
companhia (f) de transporte	**транспортна компанія** (ж)	['transportna kom'paniʲa]
transportar (vt)	**транспортувати**	[transportu'watɨ]
vagão (m) de carga	**товарний вагон** (ч)	[to'warnɨj wa'ɦɔn]
cisterna (f)	**цистерна** (ж)	[ʦis'tɛrna]
camião (m)	**вантажівка** (ж)	[wanta'ʒiwka]
máquina-ferramenta (f)	**станок** (ч)	[sta'nɔk]
mecanismo (m)	**механізм** (ч)	[mɛha'nizm]
resíduos (m pl) industriais	**відходи** (мн)	[wid'hɔdɨ]
embalagem (f)	**пакування** (с)	[paku'wanʲa]
embalar (vt)	**упакувати**	[upaku'watɨ]

73. Contrato. Acordo

contrato (m)	**контракт** (ч)	[kon'trakt]
acordo (m)	**угода** (ж)	[u'ɦɔda]
adenda (f), anexo (m)	**додаток** (ч)	[do'datok]
assinar o contrato	**укласти контракт**	[uk'lastɨ kon'trakt]
assinatura (f)	**підпис** (ч)	['pidpɨs]
assinar (vt)	**підписати**	[pidpɨ'satɨ]
carimbo (m)	**печатка** (ж)	[pɛ'ʧatka]
objeto (m) do contrato	**предмет** (ч) **договору**	[prɛd'mɛt 'dɔɦoworu]
cláusula (f)	**пункт** (ч)	[punkt]
partes (f pl)	**сторони** (мн)	['stɔronɨ]
morada (f) jurídica	**юридична адреса** (ж)	[ʲurɨ'dɨʧna ad'rɛsa]
violar o contrato	**порушити контракт**	[po'ruʃɨtɨ kont'rakt]
obrigação (f)	**зобов'язання** (с)	[zobo'wʔʲazanʲa]
responsabilidade (f)	**відповідальність** (ж)	[widpowi'dalʲnistʲ]

força (f) maior	**форс-мажор** (ч)	[fors ma'ʒɔr]
litígio (m), disputa (f)	**суперечка** (ж)	[supɛ'rɛʧka]
multas (f pl)	**штрафні санкції** (мн)	[ʃtraf'ni 'sanktsiji]

74. Importação & Exportação

importação (f)	**імпорт** (ч)	['import]
importador (m)	**імпортер** (ч)	[impor'tɛr]
importar (vt)	**імпортувати**	[importu'wati]
de importação	**імпортний**	['importnij]
exportação (f)	**експорт** (ч)	['ɛksport]
exportador (m)	**експортер** (ч)	[ɛkspor'tɛr]
exportar (vt)	**експортувати**	[ɛksportu'wati]
de exportação	**експортний**	['ɛksportnij]
mercadoria (f)	**товар** (ч)	[to'war]
lote (de mercadorias)	**партія** (ж)	['partiʲa]
peso (m)	**вага** (ж)	[wa'ɦa]
volume (m)	**об'єм** (ч)	[o'b'ɛm]
metro (m) cúbico	**кубічний метр** (ч)	[ku'biʧnij mɛtr]
produtor (m)	**виробник** (ч)	[wirob'nik]
companhia (f) de transporte	**транспортна компанія** (ж)	['transportna kom'paniʲa]
contentor (m)	**контейнер** (ч)	[kon'tɛjnɛr]
fronteira (f)	**кордон** (ч)	[kor'dɔn]
alfândega (f)	**митниця** (ж)	['mitnitsʲa]
taxa (f) alfandegária	**митний збір** (ч)	['mitnij zbir]
funcionário (m) da alfândega	**митник** (ч)	['mitnik]
contrabando (atividade)	**контрабанда** (ж)	[kontra'banda]
contrabando (produtos)	**контрабанда** (ж)	[kontra'banda]

75. Finanças

ação (f)	**акція** (ж)	['aktsiʲa]
obrigação (f)	**облігація** (ж)	[obli'ɦatsiʲa]
nota (f) promissória	**вексель** (ч)	['wɛksɛlʲ]
bolsa (f)	**біржа** (ж)	['birʒa]
cotação (m) das ações	**курс** (ч) **акцій**	[kurs 'aktsij]
tornar-se mais barato	**подешевшати**	[podɛ'ʃɛwʃati]
tornar-se mais caro	**подорожчати**	[podo'rɔʒʧati]
parte (f)	**частка** (ж), **пай** (ч)	['ʧastka], [paj]
participação (f) maioritária	**контрольний пакет** (ч)	[kon'trɔlʲnij pa'kɛt]
investimento (m)	**інвестиції** (мн)	[inwɛs'titsiji]
investir (vt)	**інвестувати**	[inwɛstu'wati]
percentagem (f)	**відсоток** (ч)	[wid'sɔtok]
juros (m pl)	**відсотки** (мн)	[wid'sɔtki]

lucro (m)	**прибуток** (ч)	[pri'butok]
lucrativo	**прибутковий**	[pribut'kɔwij]
imposto (m)	**податок** (ч)	[po'datok]
divisa (f)	**валюта** (ж)	[wa'lʲuta]
nacional	**національний**	[natsio'nalʲnij]
câmbio (m)	**обмін** (ч)	['ɔbmin]
contabilista (m)	**бухгалтер** (ч)	[buh'ɦaltɛr]
contabilidade (f)	**бухгалтерія** (ж)	[buhɦal'tɛrʲia]
bancarrota (f)	**банкрутство** (с)	[ban'krutstwo]
falência (f)	**крах** (ч)	[krah]
ruína (f)	**розорення** (с)	[ro'zɔrɛnʲa]
arruinar-se (vr)	**розоритися**	[rozo'ritisʲa]
inflação (f)	**інфляція** (ж)	[inf'lʲatsiʲa]
desvalorização (f)	**девальвація** (ж)	[dɛwalʲ'watsiʲa]
capital (m)	**капітал** (ч)	[kapi'tal]
rendimento (m)	**прибуток** (ч)	[pri'butok]
volume (m) de negócios	**обіг** (ч)	['ɔbiɦ]
recursos (m pl)	**ресурси** (мн)	[rɛ'sursi]
recursos (m pl) financeiros	**кошти** (мн)	['kɔʃti]
despesas (f pl) gerais	**накладні витрати** (мн)	[naklad'ni 'witrati]
reduzir (vt)	**скоротити**	[skoro'titi]

76. Marketing

marketing (m)	**маркетинг** (ч)	[mar'kɛtinɦ]
mercado (m)	**ринок** (ч)	['rinok]
segmento (m) do mercado	**сегмент** (ч) **ринку**	[sɛɦ'mɛnt 'rinku]
produto (m)	**продукт** (ч)	[pro'dukt]
mercadoria (f)	**товар** (ч)	[to'war]
marca (f)	**марка** (ж), **бренд** (ч)	['marka], ['brɛnd]
marca (f) comercial	**торгова марка** (ж)	[tor'ɦɔwa 'marka]
logotipo (m)	**фірмовий знак** (ч)	['firmowij 'znak]
logo (m)	**логотип** (ч)	[loɦo'tip]
demanda (f)	**попит** (ч)	['pɔpit]
oferta (f)	**пропозиція** (ж)	[propo'zitsiʲa]
necessidade (f)	**потреба** (ж)	[pot'rɛba]
consumidor (m)	**споживач** (ч)	[spoʒi'watʃ]
análise (f)	**аналіз** (ч)	[a'naliz]
analisar (vt)	**аналізувати**	[analizu'wati]
posicionamento (m)	**позиціонування** (с)	[pozitsionu'wanʲa]
posicionar (vt)	**позиціонувати**	[pozitsionu'wati]
preço (m)	**ціна** (ж)	[tsi'na]
política (f) de preços	**цінова політика** (ж)	[tsino'wa po'litika]
formação (f) de preços	**ціноутворення** (с)	[tsinout'wɔrɛnʲa]

77. Publicidade

publicidade (f)	реклама (ж)	[rɛk'lama]
publicitar (vt)	рекламувати	[rɛklamu'wati]
orçamento (m)	бюджет (ч)	[bʲu'dʒɛt]

anúncio (m) publicitário	реклама (ж)	[rɛk'lama]
publicidade (f) televisiva	телереклама (ж)	['tɛlɛ rɛk'lama]
publicidade (f) na rádio	реклама (ж) на радіо	[rɛk'lama na 'radio]
publicidade (f) exterior	зовнішня реклама (ж)	['zɔwniʃnʲa rɛklama]

comunicação (f) de massa	засоби масової інформації	['zasobi 'masowojɨ infor'matsijɨ]
periódico (m)	періодичне видання (с)	[pɛrio'ditʃnɛ wɨda'nʲa]
imagem (f)	імідж (ч)	['imidʒ]

slogan (m)	гасло (с)	['ɦaslo]
mote (m), divisa (f)	девіз (ч)	[dɛ'wiz]

campanha (f)	кампанія (ж)	[kam'panʲia]
companha (f) publicitária	рекламна кампанія (ж)	[rɛk'lamna kam'panʲia]
grupo (m) alvo	цільова аудиторія (ж)	[tsilʲo'wa audi'torʲia]

cartão (m) de visita	візитка (ж)	[wi'zitka]
flyer (m)	листівка (ж)	[lis'tiwka]
brochura (f)	брошура (ж)	[bro'ʃura]
folheto (m)	буклет (ч)	[buk'lɛt]
boletim (~ informativo)	бюлетень (ч)	[bʲulɛ'tɛnʲ]

letreiro (m)	вивіска (ж)	['wiwiska]
cartaz, póster (m)	плакат (ч)	[pla'kat]
painel (m) publicitário	рекламний щит (ч)	[rɛk'lamnɨj ɕit]

78. Banca

banco (m)	банк (ч)	[bank]
sucursal, balcão (f)	відділення (с)	[wid'dilɛnʲa]

consultor (m)	консультант (ч)	[konsulʲ'tant]
gerente (m)	керівник (ч)	[kɛriw'nik]

conta (f)	рахунок (ч)	[ra'ɦunok]
número (m) da conta	номер (ч) рахунка	['nɔmɛr ra'ɦunka]
conta (f) corrente	поточний рахунок (ч)	[po'tɔtʃnɨj ra'ɦunok]
conta (f) poupança	накопичувальний рахунок (ч)	[nako'pitʃuwalʲnɨj ra'ɦunok]

abrir uma conta	відкрити рахунок	[wid'kriti ra'ɦunok]
fechar uma conta	закрити рахунок	[za'kriti ra'ɦunok]
depositar na conta	покласти на рахунок	[pok'lasti na ra'ɦunok]
levantar (vt)	зняти з рахунку	['znʲati z ra'ɦunku]
depósito (m)	внесок (ч)	['wnɛsok]
fazer um depósito	зробити внесок	[zro'biti 'wnɛsok]

transferência (f) bancária	переказ (ч)	[pɛ'rɛkaz]
transferir (vt)	зробити переказ	[zro'biti pɛ'rɛkaz]
soma (f)	сума (ж)	['suma]
Quanto?	Скільки?	['skilʲki]
assinatura (f)	підпис (ч)	['pidpis]
assinar (vt)	підписати	[pidpi'sati]
cartão (m) de crédito	кредитна картка (ж)	[krɛ'ditna 'kartka]
código (m)	код (ч)	[kod]
número (m) do cartão de crédito	номер (ч) кредитної картки	['nɔmɛr krɛ'ditnojі 'kartki]
Caixa Multibanco (m)	банкомат (ч)	[banko'mat]
cheque (m)	чек (ч)	[tʃɛk]
passar um cheque	виписати чек	['wipisati 'tʃɛk]
livro (m) de cheques	чекова книжка (ж)	['tʃɛkowa 'kniʒka]
empréstimo (m)	кредит (ч)	[krɛ'dit]
pedir um empréstimo	звертатися за кредитом	[zwɛr'tatisʲa za krɛ'ditom]
obter um empréstimo	брати кредит	['brati krɛ'dit]
conceder um empréstimo	надавати кредит	[nada'wati krɛ'dit]
garantia (f)	застава (ж)	[za'stawa]

79. Telefone. Conversação telefónica

telefone (m)	телефон (ч)	[tɛlɛ'fɔn]
telemóvel (m)	мобільний телефон (ч)	[mo'bilʲnij tɛlɛ'fɔn]
secretária (f) electrónica	автовідповідач (ч)	[awtowidpowi'datʃ]
fazer uma chamada	зателефонувати	[zatɛlɛfonu'wati]
chamada (f)	дзвінок (ч)	[dzwi'nɔk]
marcar um número	набрати номер	[nab'rati 'nɔmɛr]
Alô!	Алло!	[a'lɔ]
perguntar (vt)	запитати	[zapi'tati]
responder (vt)	відповісти	[widpo'wisti]
ouvir (vt)	чути	['tʃuti]
bem	добре	['dɔbrɛ]
mal	погано	[po'ɦano]
ruído (m)	перешкоди (мн)	[pɛrɛʃ'kɔdi]
auscultador (m)	трубка (ж)	['trubka]
pegar o telefone	зняти трубку	['znʲati 'trubku]
desligar (vi)	покласти трубку	[pok'lasti t'rubku]
ocupado	зайнятий	['zajnʲatij]
tocar (vi)	дзвонити	[dzwo'niti]
lista (f) telefónica	телефонна книга (ж)	[tɛlɛ'fɔna 'kniɦa]
local	місцевий	[mis'tsɛwij]
chamada (f) local	місцевий зв'язок (ч)	[mis'tsɛwij 'zwʲazok]

de longa distância	**міжміський**	[miʒmisʲ'kɨj]
chamada (f) de longa distância	**міжміський зв'язок** (ч)	[miʒmisʲ'kɨj 'zwʲazok]
internacional	**міжнародний**	[miʒna'rɔdnɨj]
chamada (f) internacional	**міжнародний зв'язок** (ч)	[miʒna'rɔdnɨj 'zwʲazok]

80. Telefone móvel

telemóvel (m)	**мобільний телефон** (ч)	[mo'bilʲnɨj tɛlɛ'fɔn]
ecrã (m)	**дисплей** (ч)	[dɨs'plɛj]
botão (m)	**кнопка** (ж)	['knɔpka]
cartão SIM (m)	**SIM-карта** (ж)	[sim 'karta]
bateria (f)	**батарея** (ж)	[bata'rɛʲa]
descarregar-se	**розрядитися**	[rozrʲa'dɨtɨsʲa]
carregador (m)	**зарядний пристрій** (ч)	[za'rʲadnɨj 'prɨstrij]
menu (m)	**меню** (с)	[mɛ'nʲu]
definições (f pl)	**настройки** (мн)	[na'strɔjki]
melodia (f)	**мелодія** (ж)	[mɛ'lɔdiʲa]
escolher (vt)	**вибрати**	['wɨbratɨ]
calculadora (f)	**калькулятор** (ч)	[kalʲku'lʲator]
correio (m) de voz	**автовідповідач** (ч)	[awtowidpowi'datʃ]
despertador (m)	**будильник** (ч)	[bu'dɨlʲnɨk]
contatos (m pl)	**телефонна книга** (ж)	[tɛlɛ'fɔna 'knɨɦa]
mensagem (f) de texto	**SMS-повідомлення** (с)	[ɛsɛ'mɛs powi'dɔmlɛnʲa]
assinante (m)	**абонент** (ч)	[abo'nɛnt]

81. Estacionário

caneta (f)	**авторучка** (ж)	[awto'rutʃka]
caneta (f) tinteiro	**ручка-перо** (с)	['rutʃka pɛ'rɔ]
lápis (m)	**олівець** (ч)	[oli'wɛts]
marcador (m)	**маркер** (ч)	['markɛr]
caneta (f) de feltro	**фломастер** (ч)	[flo'mastɛr]
bloco (m) de notas	**блокнот** (ч)	[blok'nɔt]
agenda (f)	**щоденник** (ч)	[ɕo'dɛnɨk]
régua (f)	**лінійка** (ж)	[li'nijka]
calculadora (f)	**калькулятор** (ч)	[kalʲku'lʲator]
borracha (f)	**гумка** (ж)	['ɦumka]
pionés (m)	**кнопка** (ж)	['knɔpka]
clipe (m)	**скріпка** (ж)	['skripka]
cola (f)	**клей** (ч)	[klɛj]
agrafador (m)	**степлер** (ч)	['stɛplɛr]
furador (m)	**діркопробивач** (ч)	[dirkoprobɨ'watʃ]
afia-lápis (m)	**стругачка** (ж)	[stru'ɦatʃka]

82. Tipos de negócios

serviços (m pl) de contabilidade	**бухгалтерські послуги** (мн)	[buh'ɦaltɛrsʲki 'pɔsluɦɨ]
publicidade (f)	**реклама** (ж)	[rɛk'lama]
agência (f) de publicidade	**рекламне агентство** (с)	[rɛk'lamnɛ a'ɦɛntstwo]
ar (m) condicionado	**кондиціонери** (мн)	[kondɨtsi'ɔnɛrɨ]
companhia (f) aérea	**авіакомпанія** (ж)	[awiakom'paniʲa]
bebidas (f pl) alcoólicas	**спиртні напої** (мн)	[spɨrt'ni na'pɔjɨ]
comércio (m) de antiguidades	**антикваріат** (ч)	[antɨkwari'at]
galeria (f) de arte	**арт-галерея** (ж)	[art ɦalɛ'rɛʲa]
serviços (m pl) de auditoria	**аудиторські послуги** (мн)	[au'dɨtorsʲki 'pɔsluɦɨ]
negócios (m pl) bancários	**банківський бізнес** (ч)	['bankiwsʲkɨj 'biznɛs]
bar (m)	**бар** (ч)	[bar]
salão (m) de beleza	**салон** (ч) **краси**	[sa'lɔn kra'sɨ]
livraria (f)	**книгарня** (ж)	[knɨ'ɦarnʲa]
cervejaria (f)	**броварня** (ж)	[bro'warnʲa]
centro (m) de escritórios	**бізнес-центр** (ч)	['biznɛs 'tsɛntr]
escola (f) de negócios	**бізнес-школа** (ж)	['biznɛs 'ʃkɔla]
casino (m)	**казино** (с)	[kazɨ'nɔ]
construção (f)	**будівництво** (с)	[budiw'nɨtstwo]
serviços (m pl) de consultoria	**консалтинг** (ч)	[kon'saltɨnɦ]
estomatologia (f)	**стоматологія** (ж)	[stomato'lɔɦiʲa]
design (m)	**дизайн** (ч)	[dɨ'zajn]
farmácia (f)	**аптека** (ж)	[ap'tɛka]
lavandaria (f)	**хімчистка** (ж)	[him'tʃɨstka]
agência (f) de emprego	**кадрове агентство** (с)	['kadrowɛ a'ɦɛntstwo]
serviços (m pl) financeiros	**фінансові послуги** (мн)	[fi'nansowi 'pɔsluɦɨ]
alimentos (m pl)	**продукти** (мн) **харчування**	[pro'duktɨ hartʃu'wanʲa]
agência (f) funerária	**похоронне бюро** (с)	[poho'rɔnɛ bʲuro]
mobiliário (m)	**меблі** (мн)	['mɛbli]
roupa (f)	**одяг** (ч)	['ɔdʲaɦ]
hotel (m)	**готель** (ч)	[ɦo'tɛlʲ]
gelado (m)	**морозиво** (с)	[mo'rɔzɨwo]
indústria (f)	**промисловість** (ж)	[promɨs'lɔwistʲ]
seguro (m)	**страхування** (с)	[strahu'wanʲa]
internet (f)	**інтернет** (ч)	[intɛr'nɛt]
investimento (m)	**інвестиції** (мн)	[inwɛs'tɨtsijɨ]
joalheiro (m)	**ювелір** (ч)	[ʲuwɛ'lir]
joias (f pl)	**ювелірні вироби** (мн)	[ʲuwɛ'lirni 'wɨrobɨ]
lavandaria (f)	**пральня** (ж)	['pralʲnʲa]
serviços (m pl) jurídicos	**юридичні послуги** (мн)	[ʲurɨ'dɨtʃni 'pɔsluɦɨ]
indústria (f) ligeira	**легка промисловість** (ж)	[lɛɦ'ka promɨs'lɔwistʲ]
revista (f)	**журнал** (ч)	[ʒur'nal]
vendas (f pl) por catálogo	**торгівля** (ж) **за каталогом**	[tor'ɦiwlʲa za kata'lɔɦom]
medicina (f)	**медицина** (ж)	[mɛdɨ'tsɨna]
cinema (m)	**кінотеатр** (ч)	[kinotɛ'atr]

museu (m)	**музей** (ч)	[mu'zɛj]
agência (f) de notícias	**інформаційне агентство** (с)	[informa'ʦijnɛ a'ɦɛnʦtwo]
jornal (m)	**газета** (ж)	[ɦa'zɛta]
clube (m) noturno	**нічний клуб** (ч)	[niʧ'nɨj klub]
petróleo (m)	**нафта** (ж)	['nafta]
serviço (m) de encomendas	**кур'єрська служба** (ж)	[ku'rʔɛrsʲka 'sluʒba]
indústria (f) farmacêutica	**фармацевтика** (ж)	[farma'ʦɛwtɨka]
poligrafia (f)	**поліграфія** (ж)	[poliɦra'fiʲa]
editora (f)	**видавництво** (с)	[wɨdaw'nɨʦtwo]
rádio (m)	**радіо** (с)	['radio]
imobiliário (m)	**нерухомість** (ж)	[nɛru'hɔmistʲ]
restaurante (m)	**ресторан** (ч)	[rɛsto'ran]
empresa (f) de segurança	**охоронне агентство** (с)	[oho'rɔnɛ a'ɦɛnʦtwo]
desporto (m)	**спорт** (ч)	[sport]
bolsa (f)	**біржа** (ж)	['birʒa]
loja (f)	**магазин** (ч)	[maɦa'zɨn]
supermercado (m)	**супермаркет** (ч)	[supɛr'markɛt]
piscina (f)	**басейн** (ч)	[ba'sɛjn]
alfaiataria (f)	**ательє** (с)	[atɛ'ljɛ]
televisão (f)	**телебачення** (с)	[tɛlɛ'baʧɛnʲa]
teatro (m)	**театр** (ч)	[tɛ'atr]
comércio (atividade)	**торгівля** (ж)	[tor'ɦiwlʲa]
serviços (m pl) de transporte	**перевезення** (с)	[pɛrɛ'wɛzɛnʲa]
viagens (f pl)	**туризм** (ч)	[tu'rɨzm]
veterinário (m)	**ветеринар** (ч)	[wɛtɛrɨ'nar]
armazém (m)	**склад** (ч)	['sklad]
recolha (f) do lixo	**вивіз** (ч) **сміття**	['wɨwiz smit'tʲa]

Emprego. Negócios. Parte 2

83. Espetáculo. Feira

feira (f)	**виставка** (ж)	['wɨstawka]
feira (f) comercial	**торгівельна виставка** (ж)	[torɦi'wɛlʲna 'wɨstawka]
participação (f)	**участь** (ж)	['uʧastʲ]
participar (vi)	**брати участь**	['bratɨ 'uʧastʲ]
participante (m)	**учасник** (ч)	[u'ʧasnɨk]
diretor (m)	**директор** (ч)	[dɨ'rɛktor]
direção (f)	**дирекція** (ж)	[dɨ'rɛkʦiʲa]
organizador (m)	**організатор** (ч)	[orɦani'zator]
organizar (vt)	**організовувати**	[orɦani'zɔwuwatɨ]
ficha (f) de inscrição	**заявка** (ж) **на участь**	[za'ʲawka na 'uʧastʲ]
preencher (vt)	**заповнити**	[za'pɔwnɨtɨ]
detalhes (m pl)	**деталі** (мн)	[dɛ'tali]
informação (f)	**інформація** (ж)	[infor'maʦiʲa]
preço (m)	**ціна** (ж)	[ʦi'na]
incluindo	**включно**	['wklʲuʧno]
incluir (vt)	**включати**	[wklʲu'ʧatɨ]
pagar (vt)	**платити**	[pla'tɨtɨ]
taxa (f) de inscrição	**реєстраційний внесок** (ч)	[reɛstra'ʦijnɨj 'wnɛsok]
entrada (f)	**вхід** (ч)	[whid]
pavilhão (m)	**павільйон** (ч)	[pawilʲ'jɔn]
inscrever (vt)	**реєструвати**	[reɛstru'watɨ]
crachá (m)	**бейдж** (ч)	[bɛjʤ]
stand (m)	**виставковий стенд** (ч)	[wɨstaw'kɔwɨj stɛnd]
reservar (vt)	**резервувати**	[rɛzɛrwu'watɨ]
vitrina (f)	**вітрина** (ж)	[wi'trɨna]
foco, spot (m)	**світильник** (ч)	[swi'tɨlʲnɨk]
design (m)	**дизайн** (ч)	[dɨ'zajn]
pôr, colocar (vt)	**розташовувати**	[rozta'ʃɔwuwatɨ]
ser colocado, -a	**розташовуватися**	[rozta'ʃowuwatɨsʲa]
distribuidor (m)	**дистриб'ютор** (ч)	[dɨstrɨ'bʔʲutor]
fornecedor (m)	**постачальник** (ч)	[posta'ʧalʲnɨk]
fornecer (vt)	**постачати**	[posta'ʧatɨ]
país (m)	**країна** (ж)	[kra'jina]
estrangeiro	**іноземний**	[ino'zɛmnɨj]
produto (m)	**продукт** (ч)	[pro'dukt]
associação (f)	**асоціація** (ж)	[asoʦi'aʦiʲa]
sala (f) de conferências	**конференц-зал** (ч)	[konfɛ'rɛnʦ zal]

congresso (m)	**конгрес** (ч)	[kon'ɦrɛs]
concurso (m)	**конкурс** (ч)	['kɔnkurs]
visitante (m)	**відвідувач** (ч)	[wid'widuwaʧ]
visitar (vt)	**відвідувати**	[wid'widuwatɨ]
cliente (m)	**замовник** (ч)	[za'mɔwnɨk]

84. Ciência. Investigação. Cientistas

ciência (f)	**наука** (ж)	[na'uka]
científico	**науковий**	[nau'kɔwɨj]
cientista (m)	**вчений** (ч)	['wʧɛnɨj]
teoria (f)	**теорія** (ж)	[tɛ'ɔrʲa]
axioma (m)	**аксіома** (ж)	[aksi'ɔma]
análise (f)	**аналіз** (ч)	[a'naliz]
analisar (vt)	**аналізувати**	[analizu'watɨ]
argumento (m)	**аргумент** (ч)	[arɦu'mɛnt]
substância (f)	**речовина** (ж)	[rɛʧowɨ'na]
hipótese (f)	**гіпотеза** (ж)	[ɦi'pɔtɛza]
dilema (m)	**дилема** (ж)	[dɨ'lɛma]
tese (f)	**дисертація** (ж)	[dɨsɛr'taʦʲa]
dogma (m)	**догма** (ж)	['dɔɦma]
doutrina (f)	**доктрина** (ж)	[dok'trɨna]
pesquisa (f)	**дослідження** (с)	[do'slidʒɛnʲa]
pesquisar (vt)	**досліджувати**	[do'slidʒuwatɨ]
teste (m)	**випробування** (ч)	[wɨ'probuwanʲa]
laboratório (m)	**лабораторія** (ж)	[labora'tɔrʲa]
método (m)	**метод** (ч)	['mɛtod]
molécula (f)	**молекула** (ж)	[mo'lɛkula]
monitoramento (m)	**моніторинг** (ч)	[moni'tɔrɨnɦ]
descoberta (f)	**відкриття** (с)	[widkrɨt'tʲa]
postulado (m)	**постулат** (ч)	[postu'lat]
princípio (m)	**принцип** (ч)	['prɨnʦɨp]
prognóstico (previsão)	**прогноз** (ч)	[proɦ'nɔz]
prognosticar (vt)	**прогнозувати**	[proɦnozu'watɨ]
síntese (f)	**синтез** (ч)	['sɨntɛz]
tendência (f)	**тенденція** (ж)	[tɛn'dɛnʦʲa]
teorema (m)	**теорема** (ж)	[tɛo'rɛma]
ensinamentos (m pl)	**вчення** (с)	['wʧɛnʲa]
facto (m)	**факт** (ч)	[fakt]
expedição (f)	**експедиція** (ж)	[ɛkspɛ'dɨʦʲa]
experiência (f)	**експеримент** (ч)	[ɛkspɛrɨ'mɛnt]
académico (m)	**академік** (ч)	[aka'dɛmik]
bacharel (m)	**бакалавр** (ч)	[baka'lawr]
doutor (m)	**доктор** (ч)	['dɔktor]
docente (m)	**доцент** (ч)	[do'ʦɛnt]

mestre (m)	**магістр** (ч)	[ma'ɦistr]
professor (m) catedrático	**професор** (ч)	[pro'fɛsor]

Profissões e ocupações

85. Procura de emprego. Demissão

trabalho (m)	**робота** (ж)	[ro'bɔta]
equipa (f)	**колектив, штат** (ч)	[kolɛk'tiw], [ʃtat]
pessoal (m)	**персонал** (ч)	[pɛrso'nal]
carreira (f)	**кар'єра** (ж)	[ka'rʔɛra]
perspetivas (f pl)	**перспектива** (ж)	[pɛrspɛk'tɨwa]
mestria (f)	**майстерність** (ж)	[majs'tɛrnistʲ]
seleção (f)	**підбір** (ч)	[pid'bir]
agência (f) de emprego	**кадрове агентство** (с)	['kadrowɛ a'ɦɛnʦtwo]
CV, currículo (m)	**резюме** (с)	[rɛzʲu'mɛ]
entrevista (f) de emprego	**співбесіда** (ж)	[spiw'bɛsida]
vaga (f)	**вакансія** (ж)	[wa'kansiʲa]
salário (m)	**зарплатня** (ж)	[zarplat'nʲa]
salário (m) fixo	**оклад** (ч)	[ok'lad]
pagamento (m)	**оплата** (ж)	[op'lata]
posto (m)	**посада** (ж)	[po'sada]
dever (do empregado)	**обов'язок** (ч)	[o'bɔwʔʲazok]
gama (f) de deveres	**коло** (с) **обов'язків**	['kɔlo obo'wʔʲazkiw]
ocupado	**зайнятий**	['zajnʲatɨj]
despedir, demitir (vt)	**звільнити**	[zwilʲ'nɨtɨ]
demissão (f)	**звільнення** (с)	['zwilʲnɛnʲa]
desemprego (m)	**безробіття** (с)	[bɛzro'bittʲa]
desempregado (m)	**безробітний** (ч)	[bɛzro'bitnɨj]
reforma (f)	**пенсія** (ж)	['pɛnsiʲa]
reformar-se	**вийти на пенсію**	['wɨjtɨ na 'pɛnsiʲu]

86. Gente de negócios

diretor (m)	**директор** (ч)	[dɨ'rɛktor]
gerente (m)	**керівник** (ч)	[kɛriw'nɨk]
patrão, chefe (m)	**бос** (ч)	[bɔs]
superior (m)	**начальник** (ч)	[na'ʧalʲnɨk]
superiores (m pl)	**керівництво** (с)	[kɛriw'nɨʦtwo]
presidente (m)	**президент** (ч)	[prɛzɨ'dɛnt]
presidente (m) de direção	**голова** (ч)	[ɦolo'wa]
substituto (m)	**заступник** (ч)	[za'stupnɨk]
assistente (m)	**помічник** (ч)	[pomiʧ'nɨk]

secretário (m)	секретар (ч)	[sɛkrɛ'tar]
secretário (m) pessoal	особистий секретар (ч)	[oso'bistij sɛkrɛ'tar]
homem (m) de negócios	бізнесмен (ч)	[biznɛs'mɛn]
empresário (m)	підприємець (ч)	[pidpri'ɛmɛts]
fundador (m)	засновник (ч)	[zas'nɔwnik]
fundar (vt)	заснувати	[zasnu'wati]
fundador, sócio (m)	основоположник (ч)	[osnowopo'lɔʒnik]
parceiro, sócio (m)	партнер (ч)	[part'nɛr]
acionista (m)	акціонер (ч)	[aktsio'nɛr]
milionário (m)	мільйонер (ч)	[milʲo'nɛr]
bilionário (m)	мільярдер (ч)	[miljar'dɛr]
proprietário (m)	власник (ч)	['wlasnik]
proprietário (m) de terras	землевласник (ч)	[zɛmlɛw'lasnik]
cliente (m)	клієнт (ч)	[kli'ɛnt]
cliente (m) habitual	постійний клієнт (ч)	[pos'tijnij kli'ɛnt]
comprador (m)	покупець (ч)	[poku'pɛts]
visitante (m)	відвідувач (ч)	[wid'widuwatʃ]
profissional (m)	професіонал (ч)	[profɛsio'nal]
perito (m)	експерт (ч)	[ɛks'pɛrt]
especialista (m)	фахівець (ч)	[fahi'wɛts]
banqueiro (m)	банкір (ч)	[ba'nkir]
corretor (m)	брокер (ч)	['brɔkɛr]
caixa (m, f)	касир (ч)	[ka'sir]
contabilista (m)	бухгалтер (ч)	[buh'ɦaltɛr]
guarda (m)	охоронник (ч)	[oɦo'rɔnik]
investidor (m)	інвестор (ч)	[in'wɛstor]
devedor (m)	боржник (ч)	[borʒ'nik]
credor (m)	кредитор (ч)	[krɛdi'tɔr]
mutuário (m)	боржник (ч)	[borʒ'nik]
importador (m)	імпортер (ч)	[impor'tɛr]
exportador (m)	експортер (ч)	[ɛkspor'tɛr]
produtor (m)	виробник (ч)	[wirob'nik]
distribuidor (m)	дистриб'ютор (ч)	[distri'bʲutor]
intermediário (m)	посередник (ч)	[posɛ'rɛdnik]
consultor (m)	консультант (ч)	[konsulʲ'tant]
representante (m)	представник (ч)	[prɛdstaw'nik]
agente (m)	агент (ч)	[a'ɦɛnt]
agente (m) de seguros	страховий агент (ч)	[straho'wij a'ɦɛnt]

87. Profissões de serviços

cozinheiro (m)	кухар (ч)	['kuhar]
cozinheiro chefe (m)	шеф-кухар (ч)	[ʃɛf 'kuhar]

padeiro (m)	**пекар** (ч)	['pɛkar]
barman (m)	**бармен** (ч)	[bar'mɛn]
empregado (m) de mesa	**офіціант** (ч)	[ofitsi'ant]
empregada (f) de mesa	**офіціантка** (ж)	[ofitsi'antka]
advogado (m)	**адвокат** (ч)	[adwo'kat]
jurista (m)	**юрист** (ч)	[ʲu'rɨst]
notário (m)	**нотаріус** (ч)	[no'tarius]
eletricista (m)	**електрик** (ч)	[ɛ'lɛktrɨk]
canalizador (m)	**сантехнік** (ч)	[san'tɛhnik]
carpinteiro (m)	**тесля** (ч)	['tɛslʲa]
massagista (m)	**масажист** (ч)	[masa'ʒɨst]
massagista (f)	**масажистка** (ж)	[masa'ʒɨstka]
médico (m)	**лікар** (ч)	['likar]
taxista (m)	**таксист** (ч)	[tak'sɨst]
condutor (automobilista)	**шофер** (ч)	[ʃo'fɛr]
entregador (m)	**кур'єр** (ч)	[ku'rʔɛr]
camareira (f)	**покоївка** (ж)	[poko'jɨwka]
guarda (m)	**охоронник** (ч)	[oho'rɔnɨk]
hospedeira (f) de bordo	**стюардеса** (ж)	[stʲuar'dɛsa]
professor (m)	**вчитель** (ч)	['wʧɨtɛlʲ]
bibliotecário (m)	**бібліотекар** (ч)	[biblio'tɛkar]
tradutor (m)	**перекладач** (ч)	[pɛrɛkla'daʧ]
intérprete (m)	**перекладач** (ч)	[pɛrɛkla'daʧ]
guia (pessoa)	**гід** (ч)	[ɦid]
cabeleireiro (m)	**перукар** (ч)	[pɛru'kar]
carteiro (m)	**листоноша** (ч)	[lɨsto'nɔʃa]
vendedor (m)	**продавець** (ч)	[proda'wɛʦ]
jardineiro (m)	**садівник** (ч)	[sadiw'nɨk]
criado (m)	**слуга** (ч)	[slu'ɦa]
criada (f)	**служниця** (ж)	[sluʒ'nɨtsʲa]
empregada (f) de limpeza	**прибиральниця** (ж)	[prɨbɨ'ralʲnɨtsʲa]

88. Profissões militares e postos

soldado (m) raso	**рядовий** (ч)	[rʲado'wɨj]
sargento (m)	**сержант** (ч)	[sɛr'ʒant]
tenente (m)	**лейтенант** (ч)	[lɛjtɛ'nant]
capitão (m)	**капітан** (ч)	[kapi'tan]
major (m)	**майор** (ч)	[ma'jɔr]
coronel (m)	**полковник** (ч)	[pol'kɔwnɨk]
general (m)	**генерал** (ч)	[ɦɛnɛ'ral]
marechal (m)	**маршал** (ч)	['marʃal]
almirante (m)	**адмірал** (ч)	[admi'ral]
militar (m)	**військовий** (ч)	[wijsʲ'kɔwɨj]
soldado (m)	**солдат** (ч)	[sol'dat]

oficial (m)	**офіцер** (ч)	[ofi'ʦɛr]
comandante (m)	**командир** (ч)	[koman'dɨr]
guarda (m) fronteiriço	**прикордонник** (ч)	[prɨkor'dɔnɨk]
operador (m) de rádio	**радист** (ч)	[ra'dɨst]
explorador (m)	**розвідник** (ч)	[roz'widnɨk]
sapador (m)	**сапер** (ч)	[sa'pɛr]
atirador (m)	**стрілок** (ч)	[stri'lɔk]
navegador (m)	**штурман** (ч)	['ʃturman]

89. Oficiais. Padres

rei (m)	**король** (ч)	[ko'rɔlʲ]
rainha (f)	**королева** (ж)	[koro'lɛwa]
príncipe (m)	**принц** (ч)	[prɨnʦ]
princesa (f)	**принцеса** (ж)	[prɨn'ʦɛsa]
czar (m)	**цар** (ч)	[ʦar]
czarina (f)	**цариця** (ж)	[ʦa'rɨʦʲa]
presidente (m)	**президент** (ч)	[prɛzɨ'dɛnt]
ministro (m)	**міністр** (ч)	[mi'nistr]
primeiro-ministro (m)	**прем'єр-міністр** (ч)	[prɛ'mʔɛr mi'nistr]
senador (m)	**сенатор** (ч)	[sɛ'nator]
diplomata (m)	**дипломат** (ч)	[dɨplo'mat]
cônsul (m)	**консул** (ч)	['kɔnsul]
embaixador (m)	**посол** (ч)	[po'sɔl]
conselheiro (m)	**радник** (ч)	['radnɨk]
funcionário (m)	**чиновник** (ч)	[ʧɨ'nɔwnɨk]
prefeito (m)	**префект** (ч)	[prɛ'fɛkt]
Presidente (m) da Câmara	**мер** (ч)	[mɛr]
juiz (m)	**суддя** (ч)	[sud'dʲa]
procurador (m)	**прокурор** (ч)	[proku'rɔr]
missionário (m)	**місіонер** (ч)	[misio'nɛr]
monge (m)	**чернець** (ч)	[ʧɛr'nɛʦ]
abade (m)	**абат** (ч)	[a'bat]
rabino (m)	**рабин** (ч)	[ra'bɨn]
vizir (m)	**візир** (ч)	[wi'zɨr]
xá (m)	**шах** (ч)	[ʃah]
xeque (m)	**шейх** (ч)	[ʃɛjh]

90. Profissões agrícolas

apicultor (m)	**пасічник** (ч)	['pasiʧnɨk]
pastor (m)	**пастух** (ч)	[pas'tuh]
agrónomo (m)	**агроном** (ч)	[aɦro'nɔm]

criador (m) de gado	**тваринник** (ч)	[twa'rɨnɨk]
veterinário (m)	**ветеринар** (ч)	[wɛtɛrɨ'nar]
agricultor (m)	**фермер** (ч)	['fɛrmɛr]
vinicultor (m)	**винороб** (ч)	[wɨno'rɔb]
zoólogo (m)	**зоолог** (ч)	[zo'ɔloɦ]
cowboy (m)	**ковбой** (ч)	[kow'bɔj]

91. Profissões artísticas

ator (m)	**актор** (ч)	[ak'tɔr]
atriz (f)	**акторка** (ж)	[ak'tɔrka]
cantor (m)	**співак** (ч)	[spi'wak]
cantora (f)	**співачка** (ж)	[spi'watʃka]
bailarino (m)	**танцюрист** (ч)	[tant͡sʲu'rɨst]
bailarina (f)	**танцюристка** (ж)	[tant͡sʲu'rɨstka]
artista (m)	**артист** (ч)	[ar'tɨst]
artista (f)	**артистка** (ж)	[ar'tɨstka]
músico (m)	**музикант** (ч)	[muzɨ'kant]
pianista (m)	**піаніст** (ч)	[pia'nist]
guitarrista (m)	**гітарист** (ч)	[ɦita'rɨst]
maestro (m)	**диригент** (ч)	[dɨrɨ'ɦɛnt]
compositor (m)	**композитор** (ч)	[kompo'zɨtor]
empresário (m)	**імпресаріо** (ч)	[imprɛ'sario]
realizador (m)	**режисер** (ч)	[rɛʒɨ'sɛr]
produtor (m)	**продюсер** (ч)	[pro'dʲusɛr]
argumentista (m)	**сценарист** (ч)	[st͡sɛna'rɨst]
crítico (m)	**критик** (ч)	['krɨtɨk]
escritor (m)	**письменник** (ч)	[pɨsʲ'mɛnɨk]
poeta (m)	**поет** (ч)	[po'ɛt]
escultor (m)	**скульптор** (ч)	['skulʲptor]
pintor (m)	**художник** (ч)	[hu'dɔʒnɨk]
malabarista (m)	**жонглер** (ч)	[ʒonɦ'lɛr]
palhaço (m)	**клоун** (ч)	['klɔun]
acrobata (m)	**акробат** (ч)	[akro'bat]
mágico (m)	**фокусник** (ч)	['fɔkusnɨk]

92. Várias profissões

médico (m)	**лікар** (ч)	['likar]
enfermeira (f)	**медсестра** (ж)	[mɛdsɛst'ra]
psiquiatra (m)	**психіатр** (ч)	[psɨhi'atr]
estomatologista (m)	**стоматолог** (ч)	[stoma'tɔloɦ]
cirurgião (m)	**хірург** (ч)	[hi'rurɦ]

astronauta (m)	**астронавт** (ч)	[astro'nawt]
astrónomo (m)	**астроном** (ч)	[astro'nɔm]
piloto (m)	**льотчик, пілот** (ч)	['lʲɔtʧɨk], [pi'lɔt]
motorista (m)	**водій** (ч)	[wo'dij]
maquinista (m)	**машиніст** (ч)	[maʃɨ'nist]
mecânico (m)	**механік** (ч)	[mɛ'hanik]
mineiro (m)	**шахтар** (ч)	[ʃah'tar]
operário (m)	**робітник** (ч)	[robit'nɨk]
serralheiro (m)	**слюсар** (ч)	['slʲusar]
marceneiro (m)	**столяр** (ч)	['stɔlʲar]
torneiro (m)	**токар** (ч)	['tɔkar]
construtor (m)	**будівельник** (ч)	[budi'wɛlʲnɨk]
soldador (m)	**зварювальник** (ч)	['zwarʲuwalʲnɨk]
professor (m) catedrático	**професор** (ч)	[pro'fɛsor]
arquiteto (m)	**архітектор** (ч)	[arhi'tɛktor]
historiador (m)	**історик** (ч)	[is'tɔrɨk]
cientista (m)	**вчений** (ч)	['wʧɛnɨj]
físico (m)	**фізик** (ч)	['fizɨk]
químico (m)	**хімік** (ч)	['himik]
arqueólogo (m)	**археолог** (ч)	[arhɛ'ɔloɦ]
geólogo (m)	**геолог** (ч)	[ɦɛ'ɔloɦ]
pesquisador (cientista)	**дослідник** (ч)	[do'slidnɨk]
babysitter (f)	**няня** (ж)	['nʲanʲa]
professor (m)	**вчитель, педагог** (ч)	['wʧɨtɛlʲ], [pɛda'ɦɔɦ]
redator (m)	**редактор** (ч)	[rɛ'daktor]
redator-chefe (m)	**головний редактор** (ч)	[ɦolow'nɨj rɛ'daktor]
correspondente (m)	**кореспондент** (ч)	[korɛspon'dɛnt]
datilógrafa (f)	**машиністка** (ж)	[maʃɨ'nistka]
designer (m)	**дизайнер** (ч)	[dɨ'zajnɛr]
especialista (m) em informática	**комп'ютерник** (ч)	[kom'pʔʲutɛrnɨk]
programador (m)	**програміст** (ч)	[proɦ'ramist]
engenheiro (m)	**інженер** (ч)	[inʒɛ'nɛr]
marujo (m)	**моряк** (ч)	[mo'rʲak]
marinheiro (m)	**матрос** (ч)	[mat'rɔs]
salvador (m)	**рятувальник** (ч)	[rʲatu'walʲnɨk]
bombeiro (m)	**пожежник** (ч)	[po'ʒɛʒnɨk]
polícia (m)	**поліцейський** (ч)	[poli'ʦɛjsʲkɨj]
guarda-noturno (m)	**сторож** (ч)	['stɔroʒ]
detetive (m)	**детектив** (ч)	[dɛtɛk'tɨw]
funcionário (m) da alfândega	**митник** (ч)	['mɨtnɨk]
guarda-costas (m)	**охоронець** (ч)	[oho'rɔnɛʦ]
guarda (m) prisional	**охоронець** (ч)	[oho'rɔnɛʦʲ]
inspetor (m)	**інспектор** (ч)	[ins'pɛktor]
desportista (m)	**спортсмен** (ч)	[sporʦ'mɛn]
treinador (m)	**тренер** (ч)	['trɛnɛr]

talhante (m)	**м'ясник** (ч)	[mˀjas'nɨk]
sapateiro (m)	**чоботар** (ч)	[ʧobo'tar]
comerciante (m)	**комерсант** (ч)	[komɛr'sant]
carregador (m)	**вантажник** (ч)	[wan'taʒnɨk]
estilista (m)	**модельєр** (ч)	[modɛ'ljɛr]
modelo (f)	**модель** (ж)	[modɛlʲ]

93. Ocupações. Estatuto social

aluno, escolar (m)	**школяр** (ч)	[ʃko'lʲar]
estudante (~ universitária)	**студент** (ч)	[stu'dɛnt]
filósofo (m)	**філософ** (ч)	[fi'lɔsof]
economista (m)	**економіст** (ч)	[ɛkono'mist]
inventor (m)	**винахідник** (ч)	[wɨna'hidnɨk]
desempregado (m)	**безробітний** (ч)	[bɛzro'bitnɨj]
reformado (m)	**пенсіонер** (ч)	[pɛnsio'nɛr]
espião (m)	**шпигун** (ч)	[ʃpi'ɦun]
preso (m)	**в'язень** (ч)	['wˀjazɛnʲ]
grevista (m)	**страйкар** (ч)	[straj'kar]
burocrata (m)	**бюрократ** (ч)	[bʲuro'krat]
viajante (m)	**мандрівник** (ч)	[mandriw'nɨk]
homossexual (m)	**гомосексуаліст** (ч)	[ɦomosɛksua'list]
hacker (m)	**хакер** (ч)	['hakɛr]
hippie	**хіпі** (ч)	['hipi]
bandido (m)	**бандит** (ч)	[ban'dɨt]
assassino (m) a soldo	**найманий вбивця** (ч)	['najmanɨj 'wbɨwʦʲa]
toxicodependente (m)	**наркоман** (ч)	[narko'man]
traficante (m)	**наркоторговець** (ч)	[narkotor'ɦɔwɛʦ]
prostituta (f)	**проститутка** (ж)	[prostɨ'tutka]
chulo (m)	**сутенер** (ч)	[sutɛ'nɛr]
bruxo (m)	**чаклун** (ч)	[ʧak'lun]
bruxa (f)	**чаклунка** (ж)	[ʧak'lunka]
pirata (m)	**пірат** (ч)	[pi'rat]
escravo (m)	**раб** (ч)	[rab]
samurai (m)	**самурай** (ч)	[samu'raj]
selvagem (m)	**дикун** (ч)	[dɨ'kun]

Educação

94. Escola

escola (f)	**школа** (ж)	['ʃkɔla]
diretor (m) de escola	**директор** (ч) **школи**	[di'rɛktor 'ʃkɔlɨ]
aluno (m)	**учень** (ч)	['uʧɛnʲ]
aluna (f)	**учениця** (ж)	[uʧɛ'nitsʲa]
escolar (m)	**школяр** (ч)	[ʃko'lʲar]
escolar (f)	**школярка** (ж)	[ʃko'lʲarka]
ensinar (vt)	**вчити**	['wʧitɨ]
aprender (vt)	**вивчати**	[wɨw'ʧatɨ]
aprender de cor	**вчити напам'ять**	['wʧitɨ na'pamʔʲatʲ]
estudar (vi)	**вчитися**	['wʧitisʲa]
andar na escola	**вчитися**	['wʧitisʲa]
ir à escola	**йти до школи**	[jtɨ do 'ʃkolɨ]
alfabeto (m)	**алфавіт** (ч)	[alfa'wit]
disciplina (f)	**предмет** (ч)	[prɛd'mɛt]
sala (f) de aula	**клас** (ч)	[klas]
lição (f)	**урок** (ч)	[u'rɔk]
recreio (m)	**перерва** (ж)	[pɛ'rɛrwa]
toque (m)	**дзвінок** (ч)	[dzwi'nɔk]
carteira (f)	**парта** (ж)	['parta]
quadro (m) negro	**дошка** (ж)	['dɔʃka]
nota (f)	**оцінка** (ж)	[o'tsinka]
boa nota (f)	**добра оцінка** (ж)	['dɔbra o'tsinka]
nota (f) baixa	**погана оцінка** (ж)	[po'ɦana o'tsinka]
dar uma nota	**ставити оцінку**	['stawitɨ o'tsinku]
erro (m)	**помилка** (ж)	[po'mɨlka]
fazer erros	**робити помилки**	[ro'bitɨ 'pɔmɨlkɨ]
corrigir (vt)	**виправляти**	[wɨpraw'lʲatɨ]
cábula (f)	**шпаргалка** (ж)	[ʃpar'ɦalka]
dever (m) de casa	**домашнє завдання** (с)	[do'maʃnɛ zaw'danʲa]
exercício (m)	**вправа** (ж)	['wprawa]
estar presente	**бути присутнім**	['butɨ prɨ'sutnim]
estar ausente	**бути відсутнім**	['butɨ wid'sutnim]
faltar às aulas	**пропускати уроки**	[propus'katɨ u'rɔkɨ]
punir (vt)	**покарати**	[poka'ratɨ]
punição (f)	**покарання** (с)	[poka'ranʲa]
comportamento (m)	**поведінка** (ж)	[powɛ'dinka]

boletim (m) escolar	**щоденник** (ч)	[ɕo'dɛnɨk]
lápis (m)	**олівець** (ч)	[oli'wɛʦ]
borracha (f)	**гумка** (ж)	['ɦumka]
giz (m)	**крейда** (ж)	['krɛjda]
estojo (m)	**пенал** (ч)	[pɛ'nal]
pasta (f) escolar	**портфель** (ч)	[port'fɛlʲ]
caneta (f)	**ручка** (ж)	['ruʧka]
caderno (m)	**зошит** (ч)	['zɔʃɨt]
manual (m) escolar	**підручник** (ч)	[pid'ruʧnɨk]
compasso (m)	**циркуль** (ч)	['ʦɨrkulʲ]
traçar (vt)	**креслити**	['krɛslɨtɨ]
desenho (m) técnico	**креслення** (с)	['krɛslɛnʲa]
poesia (f)	**вірш** (ч)	[wirʃ]
de cor	**напам'ять**	[na'pamˀʲatʲ]
aprender de cor	**вчити напам'ять**	['wʧɨtɨ na'pamˀʲatʲ]
férias (f pl)	**канікули** (мн)	[ka'nikulɨ]
estar de férias	**бути на канікулах**	['butɨ na ka'nikulah]
passar as férias	**провести канікули**	[prowɛs'tɨ ka'nikulɨ]
teste (m)	**контрольна робота** (ж)	[kon'trɔlʲna ro'bɔta]
composição, redação (f)	**твір** (ч)	[twir]
ditado (m)	**диктант** (ч)	[dɨk'tant]
exame (m)	**іспит** (ч)	['ispɨt]
fazer exame	**складати іспити**	[skla'datɨ 'ispɨtɨ]
experiência (~ química)	**дослід** (ч)	['dɔslid]

95. Colégio. Universidade

academia (f)	**академія** (ж)	[aka'dɛmiʲa]
universidade (f)	**університет** (ч)	[uniwɛrsɨ'tɛt]
faculdade (f)	**факультет** (ч)	[fakulʲ'tɛt]
estudante (m)	**студент** (ч)	[stu'dɛnt]
estudante (f)	**студентка** (ж)	[stu'dɛntka]
professor (m)	**викладач** (ч)	[wɨkla'daʧ]
sala (f) de palestras	**аудиторія** (ж)	[audɨ'tɔriʲa]
graduado (m)	**випускник** (ч)	[wɨpusk'nɨk]
diploma (m)	**диплом** (ч)	[dɨp'lɔm]
tese (f)	**дисертація** (ж)	[disɛr'taʦiʲa]
estudo (obra)	**дослідження** (с)	[do'slidʒɛnʲa]
laboratório (m)	**лабораторія** (ж)	[labora'tɔriʲa]
palestra (f)	**лекція** (ж)	['lɛkʦiʲa]
colega (m) de curso	**однокурсник** (ч)	[odno'kursnɨk]
bolsa (f) de estudos	**стипендія** (ж)	[stɨ'pɛndiʲa]
grau (m) académico	**вчений ступінь** (ч)	['wʧɛnɨj 'stupinʲ]

96. Ciências. Disciplinas

matemática (f)	математика (ж)	[matɛ'matika]
álgebra (f)	алгебра (ж)	['alhɛbra]
geometria (f)	геометрія (ж)	[hɛo'mɛtriʲa]
astronomia (f)	астрономія (ж)	[astro'nɔmiʲa]
biologia (f)	біологія (ж)	[bio'lɔhiʲa]
geografia (f)	географія (ж)	[hɛo'hrafiʲa]
geologia (f)	геологія (ж)	[hɛo'lɔhiʲa]
história (f)	історія (ж)	[is'tɔriʲa]
medicina (f)	медицина (ж)	[mɛdi'tsina]
pedagogia (f)	педагогіка (ж)	[pɛda'hɔhika]
direito (m)	право (с)	['prawo]
física (f)	фізика (ж)	['fizika]
química (f)	хімія (ж)	['himiʲa]
filosofia (f)	філософія (ж)	[filo'sɔfiʲa]
psicologia (f)	психологія (ж)	[psiho'lɔhiʲa]

97. Sistema de escrita. Ortografia

gramática (f)	граматика (ж)	[hra'matika]
vocabulário (m)	лексика (ж)	['lɛksika]
fonética (f)	фонетика (ж)	[fo'nɛtika]
substantivo (m)	іменник (ч)	[i'mɛnik]
adjetivo (m)	прикметник (ч)	[prik'mɛtnik]
verbo (m)	дієслово (с)	[diɛ'slɔwo]
advérbio (m)	прислівник (ч)	[pris'liwnik]
pronome (m)	займенник (ч)	[zaj'mɛnik]
interjeição (f)	вигук (ч)	['wihuk]
preposição (f)	прийменник (ч)	[prij'mɛnik]
raiz (f) da palavra	корінь (ч) слова	['kɔrinʲ 'slɔwa]
terminação (f)	закінчення (с)	[za'kintʃɛnʲa]
prefixo (m)	префікс (ч)	['prɛfiks]
sílaba (f)	склад (ч)	['sklad]
sufixo (m)	суфікс (ч)	['sufiks]
acento (m)	наголос (ч)	['naholos]
apóstrofo (m)	апостроф (ч)	[a'pɔstrof]
ponto (m)	крапка (ж)	['krapka]
vírgula (f)	кома (ж)	['kɔma]
ponto e vírgula (m)	крапка (ж) з комою	['krapka z 'kɔmoʲu]
dois pontos (m pl)	двокрапка (ж)	[dwo'krapka]
reticências (f pl)	три крапки (мн)	[tri 'krapki]
ponto (m) de interrogação	знак (ч) питання	[znak pi'tanʲa]
ponto (m) de exclamação	знак (ч) оклику	[znak 'ɔkliku]

aspas (f pl)	**лапки** (мн)	[lap'kɨ]
entre aspas	**в лапках**	[w lap'kah]
parênteses (m pl)	**дужки** (мн)	[duʒ'kɨ]
entre parênteses	**в дужках**	[w duʒ'kah]
hífen (m)	**дефіс** (ч)	[dɛ'fis]
travessão (m)	**тире** (с)	[tɨ'rɛ]
espaço (m)	**пробіл** (ч)	[pro'bil]
letra (f)	**літера** (ж)	['litɛra]
letra (f) maiúscula	**велика літера** (ж)	[wɛ'lɨka 'litɛra]
vogal (f)	**голосний звук** (ч)	[ɦolos'nɨj zwuk]
consoante (f)	**приголосний** (ч)	['prɨɦolosnɨj]
frase (f)	**речення** (с)	['rɛʧɛnʲa]
sujeito (m)	**підмет** (ч)	['pidmɛt]
predicado (m)	**присудок** (ч)	['prɨsudok]
linha (f)	**рядок** (ч)	[rʲa'dɔk]
em uma nova linha	**з нового рядка**	[z no'wɔɦo rʲad'ka]
parágrafo (m)	**абзац** (ч)	[ab'zats]
palavra (f)	**слово** (с)	['slɔwo]
grupo (m) de palavras	**словосполучення** (с)	[slowospo'luʧɛnʲa]
expressão (f)	**вислів** (ч)	['wɨsliw]
sinónimo (m)	**синонім** (ч)	[sɨ'nɔnim]
antónimo (m)	**антонім** (ч)	[an'tɔnim]
regra (f)	**правило** (с)	['prawɨlo]
exceção (f)	**виняток** (ч)	['wɨnʲatok]
correto	**правильний**	['prawɨlʲnɨj]
conjugação (f)	**дієвідміна** (ж)	[diɛwid'mina]
declinação (f)	**відмінювання** (с)	[wid'minʲuwanʲa]
caso (m)	**відмінок** (ч)	[wid'minok]
pergunta (f)	**питання** (с)	[pɨ'tanʲa]
sublinhar (vt)	**підкреслити**	[pid'krɛslɨtɨ]
linha (f) pontilhada	**пунктир** (ч)	[punk'tɨr]

98. Línguas estrangeiras

língua (f)	**мова** (ж)	['mɔwa]
estrangeiro	**іноземний**	[ino'zɛmnɨj]
língua (f) estrangeira	**іноземна мова** (ж)	[ino'zɛmna 'mɔwa]
estudar (vt)	**вивчати**	[wɨw'ʧatɨ]
aprender (vt)	**вчити**	['wʧɨtɨ]
ler (vt)	**читати**	[ʧɨ'tatɨ]
falar (vi)	**говорити**	[ɦowo'rɨtɨ]
compreender (vt)	**розуміти**	[rozu'mitɨ]
escrever (vt)	**писати**	[pɨ'satɨ]
rapidamente	**швидко**	['ʃwɨdko]
devagar	**повільно**	[po'wilʲno]

fluentemente	**вільно**	['wilʲno]
regras (f pl)	**правила** (мн)	['prawɨla]
gramática (f)	**граматика** (ж)	[ɦra'matɨka]
vocabulário (m)	**лексика** (ж)	['lɛksɨka]
fonética (f)	**фонетика** (ж)	[fo'nɛtɨka]

manual (m) escolar	**підручник** (ч)	[pid'rutʃnɨk]
dicionário (m)	**словник** (ч)	[slow'nɨk]
manual (m) de autoaprendizagem	**самовчитель** (ч)	[samow'tʃitɛlʲ]
guia (m) de conversação	**розмовник** (ч)	[roz'mɔwnɨk]

cassete (f)	**касета** (ж)	[ka'sɛta]
vídeo cassete (m)	**відеокасета** (ж)	['widɛo ka'sɛta]
CD (m)	**CD-диск** (ч)	[si'di dɨsk]
DVD (m)	**DVD** (ч)	[dɨwi'di]

alfabeto (m)	**алфавіт** (ч)	[alfa'wit]
soletrar (vt)	**говорити по буквах**	[ɦowo'rɨtɨ po 'bukwah]
pronúncia (f)	**вимова** (ж)	[wɨ'mɔwa]

sotaque (m)	**акцент** (ч)	[ak'ʦɛnt]
com sotaque	**з акцентом**	[z ak'ʦɛntom]
sem sotaque	**без акценту**	[bɛz ak'ʦɛntu]

palavra (f)	**слово** (с)	['slɔwo]
sentido (m)	**сенс** (ч)	[sɛns]

cursos (m pl)	**курси** (мн)	['kursɨ]
inscrever-se (vr)	**записатися**	[zapɨ'satɨsʲa]
professor (m)	**викладач** (ч)	[wɨkla'datʃ]

tradução (processo)	**переклад** (ч)	[pɛ'rɛklad]
tradução (texto)	**переклад** (ч)	[pɛ'rɛklad]
tradutor (m)	**перекладач** (ч)	[pɛrɛkla'datʃ]
intérprete (m)	**перекладач** (ч)	[pɛrɛkla'datʃ]

poliglota (m)	**поліглот** (ч)	[poliɦ'lɔt]
memória (f)	**пам'ять** (ж)	['pamˀatʲ]

Descanso. Entretenimento. Viagens

99. Viagens

turismo (m)	**туризм** (ч)	[tu'rɨzm]
turista (m)	**турист** (ч)	[tu'rɨst]
viagem (f)	**мандрівка** (ж)	[mand'riwka]
aventura (f)	**пригода** (ж)	[prɨ'ɦɔda]
viagem (f)	**поїздка** (ж)	[po'jizdka]
férias (f pl)	**відпустка** (ж)	[wid'pustka]
estar de férias	**бути у відпустці**	['butɨ u wid'pusttsi]
descanso (m)	**відпочинок** (ч)	[widpo'tʃɨnok]
comboio (m)	**поїзд** (ч)	['pɔjizd]
de comboio (chegar ~)	**поїздом**	['pɔjizdom]
avião (m)	**літак** (ч)	[li'tak]
de avião	**літаком**	[lita'kɔm]
de carro	**автомобілем**	[awtomo'bilɛm]
de navio	**кораблем**	[korab'lɛm]
bagagem (f)	**багаж** (ч)	[ba'ɦaʒ]
mala (f)	**валіза** (ж)	[wa'liza]
carrinho (m)	**візок** (ч) **для багажу**	[wi'zɔk dlʲa baɦa'ʒu]
passaporte (m)	**паспорт** (ч)	['pasport]
visto (m)	**віза** (ж)	['wiza]
bilhete (m)	**квиток** (ч)	[kwɨ'tɔk]
bilhete (m) de avião	**авіаквиток** (ч)	[awiakwɨ'tɔk]
guia (m) de viagem	**путівник** (ч)	[putiw'nɨk]
mapa (m)	**карта** (ж)	['karta]
local (m), area (f)	**місцевість** (ж)	[mis'tsɛwistʲ]
lugar, sítio (m)	**місце** (с)	['mistsɛ]
exotismo (m)	**екзотика** (ж)	[ɛk'zɔtɨka]
exótico	**екзотичний**	[ɛkzo'tɨtʃnɨj]
surpreendente	**дивовижний**	['dɨwowɨʒnɨj]
grupo (m)	**група** (ж)	['ɦrupa]
excursão (f)	**екскурсія** (ж)	[ɛks'kursiʲa]
guia (m)	**екскурсовод** (ч)	[ɛkskurso'wɔd]

100. Hotel

hotel (m), pensão (f)	**готель** (ч)	[ɦo'tɛlʲ]
motel (m)	**мотель** (ч)	[mo'tɛlʲ]
três estrelas	**три зірки**	[trɨ 'zirkɨ]

cinco estrelas	п'ять зірок	[pʲatʲ ziˈrɔk]
ficar (~ num hotel)	зупинитися	[zupiˈnitisʲa]
quarto (m)	номер (ч)	[ˈnɔmɛr]
quarto (m) individual	одномісний номер (ч)	[odnoˈmisnij ˈnɔmɛr]
quarto (m) duplo	двомісний номер (ч)	[dwoˈmisnij ˈnɔmɛr]
reservar um quarto	бронювати номер	[bronʲuˈwati ˈnɔmɛr]
meia pensão (f)	напівпансіон (ч)	[napiwpansiˈɔn]
pensão (f) completa	повний пансіон (ч)	[ˈpɔwnij panṣiˈɔn]
com banheira	з ванною	[z ˈwanoʲu]
com duche	з душем	[z ˈduʃɛm]
televisão (m) satélite	супутникове телебачення (с)	[suˈputnikowɛ tɛlɛˈbatʃɛnʲa]
ar (m) condicionado	кондиціонер (ч)	[konditsioˈnɛr]
toalha (f)	рушник (ч)	[ruʃˈnik]
chave (f)	ключ (ч)	[klʲutʃ]
administrador (m)	адміністратор (ч)	[adminiˈstrator]
camareira (f)	покоївка (ж)	[pokoˈjiwka]
bagageiro (m)	носильник (ч)	[noˈsilʲnik]
porteiro (m)	портьє (ч)	[porˈtʲɛ]
restaurante (m)	ресторан (ч)	[rɛstoˈran]
bar (m)	бар (ч)	[bar]
pequeno-almoço (m)	сніданок (ч)	[sniˈdanok]
jantar (m)	вечеря (ж)	[wɛˈtʃɛrʲa]
buffet (m)	шведський стіл (ч)	[ˈʃwɛdsʲkij stil]
hall (m) de entrada	вестибюль (ч)	[wɛstiˈbʲulʲ]
elevador (m)	ліфт (ч)	[lift]
NÃO PERTURBE	НЕ ТУРБУВАТИ	[nɛ turbuˈwati]
PROIBIDO FUMAR!	ПАЛИТИ ЗАБОРОНЕНО	[paˈliti zaboˈrɔnɛno]

EQUIPAMENTO TÉCNICO. TRANSPORTES

Equipamento técnico

101. Computador

computador (m)	комп'ютер (ч)	[kom'pʲutɛr]
portátil (m)	ноутбук (ч)	[nout'buk]
ligar (vt)	увімкнути	[uwimk'nuti]
desligar (vt)	вимкнути	['wimknuti]
teclado (m)	клавіатура (ж)	[klawia'tura]
tecla (f)	клавіша (ж)	['klawiʃa]
rato (m)	миша (ж)	['miʃa]
tapete (m) de rato	килимок (ч) для миші	[kiɫi'mok dlʲa 'miʃi]
botão (m)	кнопка (ж)	['knɔpka]
cursor (m)	курсор (ч)	[kur'sɔr]
monitor (m)	монітор (ч)	[moni'tɔr]
ecrã (m)	екран (ч)	[ɛk'ran]
disco (m) rígido	жорсткий диск (ч)	[ʒor'stkij disk]
capacidade (f) do disco rígido	об'єм (ч) жорсткого диска	[obʺɛm ʒorst'kɔɦo 'diska]
memória (f)	пам'ять (ж)	['pamʲatʲ]
memória RAM (f)	оперативна пам'ять (ж)	[opɛra'tiwna 'pamʲatʲ]
ficheiro (m)	файл (ч)	[fajl]
pasta (f)	папка (ж)	['papka]
abrir (vt)	відкрити	[wid'kriti]
fechar (vt)	закрити	[za'kriti]
guardar (vt)	зберегти	[zbɛrɛɦ'ti]
apagar, eliminar (vt)	видалити	['widaliti]
copiar (vt)	скопіювати	[skopʲiu'wati]
ordenar (vt)	сортувати	[sortu'wati]
copiar (vt)	переписати	[pɛrɛpi'sati]
programa (m)	програма (ж)	[proɦ'rama]
software (m)	програмне забезпечення (с)	[proɦ'ramnɛ zabɛz'pɛtʃɛnʲa]
programador (m)	програміст (ч)	[proɦ'ramist]
programar (vt)	програмувати	[proɦramu'wati]
hacker (m)	хакер (ч)	['hakɛr]
senha (f)	пароль (ч)	[pa'rɔlʲ]
vírus (m)	вірус (ч)	['wirus]
detetar (vt)	виявити	['wijawiti]

byte (m)	**байт** (ч)	[bajt]
megabyte (m)	**мегабайт** (ч)	[mɛɦa'bajt]
dados (m pl)	**дані** (мн)	['dani]
base (f) de dados	**база** (ж) **даних**	['baza 'danɨh]
cabo (m)	**кабель** (ч)	['kabɛlʲ]
desconectar (vt)	**від'єднати**	[widˀɛd'natɨ]
conetar (vt)	**під'єднати**	[pidˀɛd'natɨ]

102. Internet. E-mail

internet (f)	**інтернет** (ч)	[intɛr'nɛt]
browser (m)	**браузер** (ч)	['brauzɛr]
motor (m) de busca	**пошуковий ресурс** (ч)	[poʃu'kɔwɨj rɛ'surs]
provedor (m)	**провайдер** (ч)	[pro'wajdɛr]
webmaster (m)	**веб-майстер** (ч)	[wɛb 'majstɛr]
website, sítio web (m)	**веб-сайт** (ч)	[wɛb 'sajt]
página (f) web	**веб-сторінка** (ж)	[wɛb sto'rinka]
endereço (m)	**адреса** (ж)	[ad'rɛsa]
livro (m) de endereços	**адресна книга** (ж)	['adrɛsna 'knɨɦa]
caixa (f) de correio	**поштова скринька** (ж)	[poʃ'tɔwa sk'rɨnʲka]
correio (m)	**пошта** (ж)	['pɔʃta]
cheia (caixa de correio)	**переповнена**	[pɛrɛ'pɔwnɛna]
mensagem (f)	**повідомлення** (с)	[powi'dɔmlɛnʲa]
mensagens (f pl) recebidas	**вхідні повідомлення**	[whid'ni powi'dɔmlɛnʲa]
mensagens (f pl) enviadas	**вихідні повідомлення**	[wɨhidni powi'dɔmlɛnʲa]
remetente (m)	**відправник** (ч)	[wid'prawnɨk]
enviar (vt)	**відправити**	[wid'prawitɨ]
envio (m)	**відправлення** (с)	[wid'prawlɛnʲa]
destinatário (m)	**одержувач** (ч)	[o'dɛrʒuwaʧ]
receber (vt)	**отримати**	[ot'rɨmatɨ]
correspondência (f)	**листування** (с)	[lɨstu'wanʲa]
corresponder-se (vr)	**листуватися**	[lɨstu'watisʲa]
ficheiro (m)	**файл** (ч)	[fajl]
fazer download, baixar	**скачати**	[ska'ʧatɨ]
criar (vt)	**створити**	[stwo'rɨtɨ]
apagar, eliminar (vt)	**видалити**	['wɨdalitɨ]
eliminado	**видалений**	['wɨdalɛnɨj]
conexão (f)	**зв'язок** (ч)	[zwˀʲa'zɔk]
velocidade (f)	**швидкість** (ж)	['ʃwɨdkistʲ]
modem (m)	**модем** (ч)	[mo'dɛm]
acesso (m)	**доступ** (ч)	['dɔstup]
porta (f)	**порт** (ч)	[port]
conexão (f)	**підключення** (с)	[pid'klʲuʧɛnʲa]
conetar (vi)	**підключитися**	[pidklʲu'ʧitisʲa]

escolher (vt)	**вибрати**	['wɨbratɨ]
buscar (vt)	**шукати**	[ʃu'katɨ]

103. Eletricidade

eletricidade (f)	**електрика** (ж)	[ɛ'lɛktrɨka]
elétrico	**електричний**	[ɛlɛkt'rɨʧnɨj]
central (f) elétrica	**електростанція** (ж)	[ɛlɛktro'stanʦiʲa]
energia (f)	**енергія** (ж)	[ɛ'nɛrɦiʲa]
energia (f) elétrica	**електроенергія** (ж)	[ɛlɛktroɛ'nɛrɦiʲa]
lâmpada (f)	**лампочка** (ж)	['lampoʧka]
lanterna (f)	**ліхтар** (ч)	[lih'tar]
poste (m) de iluminação	**ліхтар** (ч)	[lih'tar]
luz (f)	**світло** (с)	['switlo]
ligar (vt)	**вмикати**	[wmɨ'katɨ]
desligar (vt)	**вимикати**	[wɨmɨ'katɨ]
apagar a luz	**вимикати світло**	[wɨmɨ'katɨ 'switlo]
fundir (vi)	**перегоріти**	[pɛrɛɦo'ritɨ]
curto-circuito (m)	**коротке замикання** (с)	[ko'rɔtkɛ zamɨ'kanʲa]
rutura (f)	**обрив** (ч)	[ob'rɨw]
contacto (m)	**контакт** (ч)	[kon'takt]
interruptor (m)	**вимикач** (ч)	[wɨmɨ'kaʧ]
tomada (f)	**розетка** (ж)	[ro'zɛtka]
ficha (f)	**штепсель** (ч)	['ʃtɛpsɛlʲ]
extensão (f)	**подовжувач** (ч)	[po'dɔwʒuwaʧ]
fusível (m)	**запобіжник** (ч)	[zapo'biʒnɨk]
fio, cabo (m)	**провід** (ч)	['prɔwid]
instalação (f) elétrica	**проводка** (ж)	[pro'wɔdka]
ampere (m)	**ампер** (ч)	[am'pɛr]
amperagem (f)	**сила** (ж) **струму**	['sɨla st'rumu]
volt (m)	**вольт** (ч)	[wolʲt]
voltagem (f)	**напруга** (ж)	[na'pruɦa]
aparelho (m) elétrico	**електроприлад** (ч)	[ɛlɛktro'prɨlad]
indicador (m)	**індикатор** (ч)	[indɨ'kator]
eletricista (m)	**електрик** (ч)	[ɛ'lɛktrɨk]
soldar (vt)	**паяти**	[pa'ʲatɨ]
ferro (m) de soldar	**паяльник** (ч)	[pa'ʲalʲnɨk]
corrente (f) elétrica	**струм** (ч)	[strum]

104. Ferramentas

ferramenta (f)	**інструмент** (ч)	[instru'mɛnt]
ferramentas (f pl)	**інструменти** (мн)	[instru'mɛntɨ]
equipamento (m)	**обладнання** (с)	[ob'ladnanʲa]

martelo (m)	**молоток** (ч)	[molo'tɔk]
chave (f) de fendas	**викрутка** (ж)	['wɨkrutka]
machado (m)	**сокира** (ж)	[so'kɨra]
serra (f)	**пила** (ж)	['pɨla]
serrar (vt)	**пиляти**	[pɨ'lʲatɨ]
plaina (f)	**рубанок** (ч)	[ru'banok]
aplainar (vt)	**стругати**	[stru'ɦatɨ]
ferro (m) de soldar	**паяльник** (ч)	[pa'ʲalʲnɨk]
soldar (vt)	**паяти**	[pa'ʲatɨ]
lima (f)	**терпуг** (ч)	[tɛr'puɦ]
tenaz (f)	**обценьки** (мн)	[ob'ʦɛnʲkɨ]
alicate (m)	**плоскогубці** (мн)	[plosko'ɦubʦi]
formão (m)	**стамеска** (ж)	[sta'mɛska]
broca (f)	**свердло** (с)	[swɛr'lɔ]
berbequim (f)	**дриль** (ч)	[drɨlʲ]
furar (vt)	**свердлити**	[swɛr'lɨtɨ]
faca (f)	**ніж** (ч)	[niʒ]
canivete (m)	**кишеньковий ніж** (ч)	[kɨʃɛnʲ'kɔwɨj niʒ]
lâmina (f)	**лезо** (с)	['lɛzo]
afiado	**гострий**	['ɦɔstrɨj]
cego	**тупий**	[tu'pɨj]
embotar-se (vr)	**затупитися**	[zatu'pɨtɨsʲa]
afiar, amolar (vt)	**точити**	[to'ʧɨtɨ]
parafuso (m)	**болт** (ч)	[bolt]
porca (f)	**гайка** (ж)	['ɦajka]
rosca (f)	**різьба** (ж)	[rizʲ'ba]
parafuso (m) para madeira	**шуруп** (ч)	[ʃu'rup]
prego (m)	**цвях** (ч)	[ʦwʲah]
cabeça (f) do prego	**головка** (ж)	[ɦo'lɔwka]
régua (f)	**лінійка** (ж)	[li'nijka]
fita (f) métrica	**рулетка** (ж)	[ru'lɛtka]
nível (m)	**рівень** (ч)	['riwɛnʲ]
lupa (f)	**лупа** (ж)	['lupa]
medidor (m)	**вимірювальний прилад** (ч)	[wɨ'mirʲuwalʲnɨj 'prɨlad]
medir (vt)	**вимірювати**	[wɨ'mirʲuwatɨ]
escala (f)	**шкала** (ж)	[ʃka'la]
indicação (f), registo (m)	**показання** (с)	[poka'zanʲa]
compressor (m)	**компресор** (ч)	[kom'prɛsor]
microscópio (m)	**мікроскоп** (ч)	[mikro'skɔp]
bomba (f)	**насос** (ч)	[na'sɔs]
robô (m)	**робот** (ч)	['rɔbot]
laser (m)	**лазер** (ч)	['lazɛr]
chave (f) de boca	**гайковий ключ** (ч)	['ɦajkowɨj klʲuʧ]
fita (f) adesiva	**стрічка-скотч** (ч)	['striʧka skoʧ]

cola (f)	**клей** (ч)	[klɛj]
lixa (f)	**наждачний папір** (ч)	[naʒ'datʃnɨj pa'pir]
mola (f)	**пружина** (ж)	[pru'ʒɨna]
íman (m)	**магніт** (ч)	[maɦ'nit]
luvas (f pl)	**рукавички** (мн)	[ruka'wɨtʃkɨ]
corda (f)	**мотузка** (ж)	[mo'tuzka]
cordel (m)	**шнур** (ч)	[ʃnur]
fio (m)	**провід** (ч)	['prɔwid]
cabo (m)	**кабель** (ч)	['kabɛlʲ]
marreta (f)	**кувалда** (ж)	[ku'walda]
pé de cabra (m)	**лом** (ч)	[lom]
escada (f) de mão	**драбина** (ж)	[dra'bɨna]
escadote (m)	**стрем'янка** (ж)	[strɛ'mʔʲanka]
enroscar (vt)	**закручувати**	[za'krutʃuwatɨ]
desenroscar (vt)	**відкручувати**	[wid'krutʃuwatɨ]
apertar (vt)	**затискати**	[zatɨs'katɨ]
colar (vt)	**приклеїти**	[prɨk'lɛjɨtɨ]
cortar (vt)	**різати**	['rizatɨ]
falha (mau funcionamento)	**несправність** (ж)	[nɛ'sprawnistʲ]
conserto (m)	**ремонт** (ч)	[rɛ'mɔnt]
consertar, reparar (vt)	**ремонтувати**	[rɛmontu'watɨ]
regular, ajustar (vt)	**регулювати**	[rɛɦulʲu'watɨ]
verificar (vt)	**перевіряти**	[pɛrɛwi'rʲatɨ]
verificação (f)	**перевірка** (ж)	[pɛrɛ'wirka]
indicação (f), registo (m)	**показання** (с)	[poka'zanʲa]
seguro	**надійний**	[na'dijnɨj]
complicado	**складний**	[sklad'nɨj]
enferrujar (vi)	**іржавіти**	[irʒa'witɨ]
enferrujado	**іржавий**	[ir'ʒawɨj]
ferrugem (f)	**іржа** (ж)	[ir'ʒa]

Transportes

105. Avião

avião (m)	**літак** (ч)	[li'tak]
bilhete (m) de avião	**авіаквиток** (ч)	[awiakwɨ'tɔk]
companhia (f) aérea	**авіакомпанія** (ж)	[awiakom'panʲa]
aeroporto (m)	**аеропорт** (ч)	[aɛro'pɔrt]
supersónico	**надзвуковий**	[naʣwuko'wɨj]
comandante (m) do avião	**командир** (ч) **корабля**	[koman'dɨr korab'lʲa]
tripulação (f)	**екіпаж** (ч)	[ɛki'paʒ]
piloto (m)	**пілот** (ч)	[pi'lɔt]
hospedeira (f) de bordo	**стюардеса** (ж)	[stʲuar'dɛsa]
copiloto (m)	**штурман** (ч)	['ʃturman]
asas (f pl)	**крила** (мн)	['krɨla]
cauda (f)	**хвіст** (ч)	[hwist]
cabine (f) de pilotagem	**кабіна** (ж)	[ka'bina]
motor (m)	**двигун** (ч)	[dwɨ'ɦun]
trem (m) de aterragem	**шасі** (с)	[ʃa'si]
turbina (f)	**турбіна** (ж)	[tur'bina]
hélice (f)	**пропелер** (ч)	[pro'pɛlɛr]
caixa-preta (f)	**чорна скринька** (ж)	['ʧɔrna 'skrɨnʲka]
coluna (f) de controlo	**штурвал** (ч)	[ʃtur'wal]
combustível (m)	**пальне** (с)	[palʲ'nɛ]
instruções (f pl) de segurança	**інструкція** (ж) **з безпеки**	[in'strukʦʲa z bɛz'pɛkɨ]
máscara (f) de oxigénio	**киснева маска** (ж)	['kɨsnɛwa 'maska]
uniforme (m)	**уніформа** (ж)	[uni'fɔrma]
colete (m) salva-vidas	**рятувальний жилет** (ч)	[rʲatu'walʲnɨj ʒɨ'lɛt]
paraquedas (m)	**парашут** (ч)	[para'ʃut]
descolagem (f)	**зліт** (ч)	[zlit]
descolar (vi)	**злітати**	[zli'tatɨ]
pista (f) de descolagem	**злітна смуга** (ж)	['zlitna 'smuɦa]
visibilidade (f)	**видимість** (ж)	['wɨdɨmistʲ]
voo (m)	**політ** (ч)	[po'lit]
altura (f)	**висота** (ж)	[wɨso'ta]
poço (m) de ar	**повітряна яма** (ж)	[po'witrʲana 'jama]
assento (m)	**місце** (с)	['misʦɛ]
auscultadores (m pl)	**навушники** (мн)	[na'wuʃnɨkɨ]
mesa (f) rebatível	**відкидний столик** (ч)	[widkɨd'nɨj 'stɔlɨk]
vigia (f)	**ілюмінатор** (ч)	[ilʲumi'nator]
passagem (f)	**прохід** (ч)	[pro'hid]

106. Comboio

comboio (m)	поїзд (ч)	['pɔjizd]
comboio (m) suburbano	електропоїзд (ч)	[ɛlɛktro'pɔjizd]
comboio (m) rápido	швидкий поїзд (ч)	[ʃwidˈkij 'pɔjizd]
locomotiva (f) diesel	тепловоз (ч)	[tɛplo'wɔz]
locomotiva (f) a vapor	паровоз (ч)	[paro'wɔz]
carruagem (f)	вагон (ч)	[wa'hɔn]
carruagem restaurante (f)	вагон-ресторан (ч)	[wa'hɔn rɛsto'ran]
carris (m pl)	рейки (мн)	['rɛjki]
caminho de ferro (m)	залізниця (ж)	[zaliz'nitsʲa]
travessa (f)	шпала (ж)	['ʃpala]
plataforma (f)	платформа (ж)	[plat'fɔrma]
linha (f)	колія (ж)	['kɔliʲa]
semáforo (m)	семафор (ч)	[sɛma'fɔr]
estação (f)	станція (ж)	['stantsiʲa]
maquinista (m)	машиніст (ч)	[maʃi'nist]
bagageiro (m)	носильник (ч)	[no'silʲnik]
hospedeiro, -a (da carruagem)	провідник (ч)	[prowid'nik]
passageiro (m)	пасажир (ч)	[pasa'ʒir]
revisor (m)	контролер (ч)	[kontro'lɛr]
corredor (m)	коридор (ч)	[kori'dɔr]
freio (m) de emergência	стоп-кран (ч)	[stop kran]
compartimento (m)	купе (с)	[ku'pɛ]
cama (f)	полиця (ж)	[po'litsʲa]
cama (f) de cima	полиця (ж) верхня	[po'litsʲa 'wɛrhnʲa]
cama (f) de baixo	полиця (ж) нижня	[po'litsʲa 'niʒnʲa]
roupa (f) de cama	білизна (ж)	[bi'lizna]
bilhete (m)	квиток (ч)	[kwi'tɔk]
horário (m)	розклад (ч)	['rɔzklad]
painel (m) de informação	табло (с)	[tab'lɔ]
partir (vt)	від'їжджати	[widʼjiz'zati]
partida (f)	відправлення (с)	[wid'prawlɛnʲa]
chegar (vi)	прибувати	[pribu'wati]
chegada (f)	прибуття (с)	[pribut'tʲa]
chegar de comboio	приїхати поїздом	[pri'jihati 'pɔjizdom]
apanhar o comboio	сісти на поїзд	['sisti na 'pɔjizd]
sair do comboio	зійти з поїзду	[zij'ti z 'pɔjizdu]
acidente (m) ferroviário	катастрофа (ж)	[kata'strɔfa]
descarrilar (vi)	зійти з рейок	[zij'ti z 'rɛjok]
locomotiva (f) a vapor	паровоз (ч)	[paro'wɔz]
fogueiro (m)	кочегар (ч)	[kotʃɛ'har]
fornalha (f)	топка (ж)	['tɔpka]
carvão (m)	вугілля (с)	[wu'hilʲa]

107. Barco

navio (m)	корабель (ч)	[kora'bɛlʲ]
embarcação (f)	судно (с)	['sudno]

vapor (m)	пароплав (ч)	[paro'plaw]
navio (m)	теплохід (ч)	[tɛplo'hid]
transatlântico (m)	лайнер (ч)	['lajnɛr]
cruzador (m)	крейсер (ч)	['krɛjsɛr]

iate (m)	яхта (ж)	[ˈʲahta]
rebocador (m)	буксир (ч)	[buk'sir]
barcaça (f)	баржа (ж)	['barʒa]
ferry (m)	паром (ч)	[pa'rɔm]

veleiro (m)	вітрильник (ч)	[wi'trilʲnik]
bergantim (m)	бригантина (ж)	[briɦan'tina]

quebra-gelo (m)	криголам (ч)	[kriɦo'lam]
submarino (m)	підводний човен (ч)	[pid'wɔdnij 'ʧɔwɛn]

bote, barco (m)	човен (ч)	['ʧɔwɛn]
bote, dingue (m)	шлюпка (ж)	['ʃlʲupka]
bote (m) salva-vidas	шлюпка (ж) рятувальна	['ʃlʲupka rʲatu'walʲna]
lancha (f)	катер (ч)	['katɛr]

capitão (m)	капітан (ч)	[kapi'tan]
marinheiro (m)	матрос (ч)	[mat'rɔs]
marujo (m)	моряк (ч)	[mo'rʲak]
tripulação (f)	екіпаж (ч)	[ɛki'paʒ]

contramestre (m)	боцман (ч)	['bɔtsman]
grumete (m)	юнга (ч)	['ʲunɦa]
cozinheiro (m) de bordo	кок (ч)	[kok]
médico (m) de bordo	судновий лікар (ч)	['sudnowij 'likar]

convés (m)	палуба (ж)	['paluba]
mastro (m)	щогла (ж)	['ɕɔɦla]
vela (f)	вітрило (с)	[wi'trilo]

porão (m)	трюм (ч)	[trʲum]
proa (f)	ніс (ч)	[nis]
popa (f)	корма (ж)	[kor'ma]
remo (m)	весло (с)	[wɛs'lɔ]
hélice (f)	гвинт (ч)	[ɦwint]

camarote (m)	каюта (ж)	[ka'ʲuta]
sala (f) dos oficiais	кают-компанія (ж)	[ka'ʲut kom'panʲʲa]
sala (f) das máquinas	машинне відділення (с)	[ma'ʃinɛ wid'dilɛnʲa]
ponte (m) de comando	капітанський місток (ч)	[kapi'tansʲkij mis'tɔk]
sala (f) de comunicações	радіорубка (ж)	[radio'rubka]
onda (f) de rádio	хвиля (ж)	['hwilʲa]
diário (m) de bordo	судновий журнал (ч)	['sudnowij ʒur'nal]
luneta (f)	підзорна труба (ж)	[pi'dzɔrna tru'ba]
sino (m)	дзвін (ч)	[dzwin]

bandeira (f)	**прапор** (ч)	['prapor]
cabo (m)	**канат** (ч)	[ka'nat]
nó (m)	**вузол** (ч)	['wuzol]
corrimão (m)	**поручень** (ч)	['pɔrutʃɛnʲ]
prancha (f) de embarque	**трап** (ч)	[trap]
âncora (f)	**якір** (ч)	['ʲakir]
recolher a âncora	**підняти якір**	[pid'nʲatɨ 'jakir]
lançar a âncora	**кинути якір**	['kɨnutɨ 'jakir]
amarra (f)	**якірний ланцюг** (ч)	['ʲakirnɨj lan'tsʲuɦ]
porto (m)	**порт** (ч)	[port]
cais, amarradouro (m)	**причал** (ч)	[prɨ'tʃal]
atracar (vi)	**причалювати**	[prɨ'tʃalʲuwatɨ]
desatracar (vi)	**відчалювати**	[wid'tʃalʲuwatɨ]
viagem (f)	**подорож** (ж)	['pɔdoroʒ]
cruzeiro (m)	**круїз** (ч)	[kru'jiz]
rumo (m), rota (f)	**курс** (ч)	[kurs]
itinerário (m)	**маршрут** (ч)	[marʃ'rut]
canal (m) navegável	**фарватер** (ч)	[far'watɛr]
banco (m) de areia	**мілина** (ж)	[milɨ'na]
encalhar (vt)	**сісти на мілину**	['sistɨ na milɨ'nu]
tempestade (f)	**буря** (ж)	['burʲa]
sinal (m)	**сигнал** (ч)	[sɨɦ'nal]
afundar-se (vr)	**тонути**	[to'nutɨ]
Homem ao mar!	**Людина за бортом!**	[lʲu'dɨna za 'bɔrtom!]
SOS	**SOS**	[sos]
boia (f) salva-vidas	**рятувальний круг** (ч)	[rʲatu'walʲnɨj 'kruɦ]

108. Aeroporto

aeroporto (m)	**аеропорт** (ч)	[aɛro'pɔrt]
avião (m)	**літак** (ч)	[li'tak]
companhia (f) aérea	**авіакомпанія** (ж)	[awiakom'panʲia]
controlador (m) de tráfego aéreo	**авіадиспетчер** (ч)	[awiadɨs'pɛtʃɛr]
partida (f)	**виліт** (ч)	['wɨlit]
chegada (f)	**приліт** (ч), **прибуття** (с)	[prɨ'lit], [prɨbu'tʲa]
chegar (~ de avião)	**прилетіти**	[prɨ'lɛtitɨ]
hora (f) de partida	**час** (ч) **вильоту**	[tʃas 'wɨlʲotu]
hora (f) de chegada	**час** (ч) **прильоту**	[tʃas prɨlʲotu]
estar atrasado	**затримуватися**	[za'trɨmuwatɨsʲa]
atraso (m) de voo	**затримка** (ж) **вильоту**	[za'trɨmka 'wɨlʲotu]
painel (m) de informação	**інформаційне табло** (с)	[informa'tsijnɛ tab'lɔ]
informação (f)	**інформація** (ж)	[infor'matsʲia]
anunciar (vt)	**оголошувати**	[oɦo'lɔʃuwatɨ]

voo (m)	**рейс** (ч)	[rɛjs]
alfândega (f)	**митниця** (ж)	['mɨtnɨtsʲa]
funcionário (m) da alfândega	**митник** (ч)	['mɨtnɨk]
declaração (f) alfandegária	**митна декларація** (ж)	['mɨtna dɛkla'ratsiʲa]
preencher (vt)	**заповнити**	[za'pɔwnɨtɨ]
preencher a declaração	**заповнити декларацію**	[za'pɔwnɨtɨ dɛkla'ratsiʲu]
controlo (m) de passaportes	**паспортний контроль** (ч)	['pasportnɨj kon'trɔlʲ]
bagagem (f)	**багаж** (ч)	[ba'ɦaʒ]
bagagem (f) de mão	**ручний вантаж** (ж)	[rutʃ'nɨj wan'taʒ]
carrinho (m)	**візок** (ч) **для багажу**	[wi'zɔk dlʲa baɦa'ʒu]
aterragem (f)	**посадка** (ж)	[po'sadka]
pista (f) de aterragem	**посадкова смуга** (ж)	[po'sadkowa 'smuɦa]
aterrar (vi)	**сідати**	[si'datɨ]
escada (f) de avião	**трап** (ч)	[trap]
check-in (m)	**реєстрація** (ж)	[reɛ'stratsiʲa]
balcão (m) do check-in	**стійка** (ж) **реєстрації**	['stijka rɛɛ'stratsijɨ]
fazer o check-in	**зареєструватися**	[zarɛestru'watɨsʲa]
cartão (m) de embarque	**посадковий талон** (ч)	[po'sadkowɨj ta'lɔn]
porta (f) de embarque	**вихід** (ч)	['wɨhid]
trânsito (m)	**транзит** (ч)	[tran'zɨt]
esperar (vi, vt)	**чекати**	[tʃɛ'katɨ]
sala (f) de espera	**зал** (ч) **очікування**	['zal o'tʃikuwanʲa]
despedir-se de ...	**проводжати**	[prowo'dʒatɨ]
despedir-se (vr)	**прощатися**	[pro'ɕatɨsʲa]

Eventos

109. Férias. Evento

festa (f)	**свято** (с)	['swʲato]
festa (f) nacional	**національне свято** (с)	[natsio'nalʲnɛ 'swʲato]
feriado (m)	**святковий день** (ч)	[swʲat'kɔwɨj dɛnʲ]
festejar (vt)	**святкувати**	[swʲatku'watɨ]
evento (festa, etc.)	**подія** (ж)	[po'diʲa]
evento (banquete, etc.)	**захід** (ч)	['zahid]
banquete (m)	**бенкет** (ч)	[bɛ'nkɛt]
receção (f)	**прийом** (ч)	[prɨ'jɔm]
festim (m)	**святкування** (с)	[swʲatku'wanʲa]
aniversário (m)	**річниця** (ж)	[ritʃ'nɨtsʲa]
jubileu (m)	**ювілей** (ч)	[ʲuwi'lɛj]
Ano (m) Novo	**Новий рік** (ч)	[no'wɨj rik]
Feliz Ano Novo!	**З Новим Роком!**	[z no'wɨm 'rɔkom]
Pai (m) Natal	**Санта Клаус** (ч)	['santa 'klaus]
Natal (m)	**Різдво** (с)	[rizd'wɔ]
Feliz Natal!	**Щасливого Різдва!**	[ɕas'lɨwoɦo rizd'wa]
fogo (m) de artifício	**салют** (ч)	[sa'lʲut]
boda (f)	**весілля** (с)	[wɛ'silʲa]
noivo (m)	**наречений** (ч)	[narɛ'tʃɛnɨj]
noiva (f)	**наречена** (ж)	[narɛ'tʃɛna]
convidar (vt)	**запрошувати**	[za'prɔʃuwatɨ]
convite (m)	**запрошення** (с)	[za'prɔʃɛnʲa]
convidado (m)	**гість** (ч)	[ɦistʲ]
visitar (vt)	**йти в гості**	[jtɨ w 'ɦɔsti]
receber os hóspedes	**зустрічати гостей**	[zustri'tʃatɨ ɦos'tɛj]
presente (m)	**подарунок** (ч)	[poda'runok]
oferecer (vt)	**дарувати**	[daru'watɨ]
receber presentes	**отримувати подарунки**	[ot'rɨmuwatɨ poda'runkɨ]
ramo (m) de flores	**букет** (ч)	[bu'kɛt]
felicitações (f pl)	**привітання** (с)	[prɨwi'tanʲa]
felicitar (dar os parabéns)	**вітати**	[wi'tatɨ]
cartão (m) de parabéns	**вітальна листівка** (ж)	[wi'talʲna lɨs'tiwka]
enviar um postal	**надіслати листівку**	[nadi'slatɨ lɨs'tiwku]
receber um postal	**отримати листівку**	[ot'rɨmatɨ lɨs'tiwku]
brinde (m)	**тост** (ч)	[tost]
oferecer (vt)	**пригощати**	[prɨɦo'ɕatɨ]

champanhe (m)	шампанське (с)	[ʃamˈpansʲkɛ]
divertir-se (vr)	веселитися	[wɛsɛˈlitisʲa]
diversão (f)	веселощі (мн)	[wɛˈsɛloɕi]
alegria (f)	радість (ж)	[ˈradistʲ]
dança (f)	танець (ч)	[ˈtanɛts]
dançar (vi)	танцювати	[tantsʲuˈwati]
valsa (f)	вальс (ч)	[walʲs]
tango (m)	танго (с)	[ˈtanɦo]

110. Funerais. Enterro

cemitério (m)	цвинтар (ч)	[ˈtswintar]
sepultura (f), túmulo (m)	могила (ж)	[moˈɦila]
cruz (f)	хрест (ч)	[hrɛst]
lápide (f)	надгробок (ч)	[nadˈɦrɔbok]
cerca (f)	огорожа (ж)	[oɦoˈrɔʒa]
capela (f)	каплиця (ж)	[kapˈlitsʲa]
morte (f)	смерть (ж)	[smɛrtʲ]
morrer (vi)	померти	[poˈmɛrti]
defunto (m)	покійник (ч)	[poˈkijnik]
luto (m)	траур (ч)	[ˈtraur]
enterrar, sepultar (vt)	ховати	[hoˈwati]
agência (f) funerária	похоронне бюро (с)	[poɦoˈrɔnɛ bʲuro]
funeral (m)	похорон (ч)	[ˈpɔhoron]
coroa (f) de flores	вінок (ч)	[wiˈnɔk]
caixão (m)	труна (ж)	[truˈna]
carro (m) funerário	катафалк (ч)	[kataˈfalk]
mortalha (f)	саван (ч)	[saˈwan]
procissão (f) funerária	траурна процесія (ж)	[ˈtraurna proˈtsɛsʲiʲa]
urna (f) funerária	поховальна урна (ж)	[poɦoˈwalʲna ˈurna]
crematório (m)	крематорій (ч)	[krɛmaˈtɔrij]
obituário (m), necrologia (f)	некролог (ч)	[nɛkroˈlɔɦ]
chorar (vi)	плакати	[ˈplakati]
soluçar (vi)	ридати	[riˈdati]

111. Guerra. Soldados

pelotão (m)	взвод (ч)	[wzwod]
companhia (f)	рота (ж)	[ˈrɔta]
regimento (m)	полк (ч)	[polk]
exército (m)	армія (ж)	[ˈarmiʲa]
divisão (f)	дивізія (ж)	[diˈwiziʲa]
destacamento (m)	загін (ч)	[zaˈɦin]
hoste (f)	військо (с)	[ˈwijsʲko]

soldado (m)	**солдат** (ч)	[sol'dat]
oficial (m)	**офіцер** (ч)	[ofi'tsɛr]
soldado (m) raso	**рядовий** (ч)	[rʲado'wɨj]
sargento (m)	**сержант** (ч)	[sɛr'ʒant]
tenente (m)	**лейтенант** (ч)	[lɛjtɛ'nant]
capitão (m)	**капітан** (ч)	[kapi'tan]
major (m)	**майор** (ч)	[ma'jɔr]
coronel (m)	**полковник** (ч)	[pol'kɔwnɨk]
general (m)	**генерал** (ч)	[ɦɛnɛ'ral]
marujo (m)	**моряк** (ч)	[mo'rʲak]
capitão (m)	**капітан** (ч)	[kapi'tan]
contramestre (m)	**боцман** (ч)	['bɔtsman]
artilheiro (m)	**артилерист** (ч)	[artɨlɛ'rɨst]
soldado (m) paraquedista	**десантник** (ч)	[dɛ'santnɨk]
piloto (m)	**льотчик** (ч)	[lʲotʧɨk]
navegador (m)	**штурман** (ч)	['ʃturman]
mecânico (m)	**механік** (ч)	[mɛ'hanik]
sapador (m)	**сапер** (ч)	[sa'pɛr]
paraquedista (m)	**парашутист** (ч)	[paraʃu'tɨst]
explorador (m)	**розвідник** (ч)	[roz'widnɨk]
franco-atirador (m)	**снайпер** (ч)	['snajpɛr]
patrulha (f)	**патруль** (ч)	[pat'rulʲ]
patrulhar (vt)	**патрулювати**	[patrulʲu'watɨ]
sentinela (f)	**вартовий** (ч)	[warto'wɨj]
guerreiro (m)	**воїн** (ч)	['wɔjɨn]
patriota (m)	**патріот** (ч)	[patri'ɔt]
herói (m)	**герой** (ч)	[ɦɛ'rɔj]
heroína (f)	**героїня** (ж)	[ɦɛro'jɨnʲa]
traidor (m)	**зрадник** (ч)	['zradnɨk]
trair (vt)	**зраджувати**	['zradʒuwatɨ]
desertor (m)	**дезертир** (ч)	[dɛzɛr'tɨr]
desertar (vt)	**дезертирувати**	[dɛzɛr'tɨruwatɨ]
mercenário (m)	**найманець** (ч)	['najmanɛts]
recruta (m)	**новобранець** (ч)	[nowo'branɛts]
voluntário (m)	**доброволець** (ч)	[dobro'wɔlɛts]
morto (m)	**убитий** (ч)	[u'bɨtɨj]
ferido (m)	**поранений** (ч)	[po'ranɛnɨj]
prisioneiro (m) de guerra	**полонений** (ч)	[polo'nɛnɨj]

112. Guerra. Ações militares. Parte 1

guerra (f)	**війна** (ж)	[wij'na]
guerrear (vt)	**воювати**	[wolʲu'watɨ]
guerra (f) civil	**громадянська війна** (ж)	[ɦroma'dʲansʲka wij'na]
perfidamente	**віроломно**	[wiro'lɔmno]

declaração (f) de guerra	**оголошення** (c) **війни**	[oɦo'lɔʃɛnʲa wij'nɨ]
declarar (vt) guerra	**оголосити**	[oɦolo'sɨtɨ]
agressão (f)	**агресія** (ж)	[aɦ'rɛsiʲa]
atacar (vt)	**нападати**	[napa'datɨ]
invadir (vt)	**захоплювати**	[za'hɔplʲuwatɨ]
invasor (m)	**загарбник** (ч)	[za'ɦarbnɨk]
conquistador (m)	**завойовник** (ч)	[zawo'jɔwnɨk]
defesa (f)	**оборона** (ж)	[obo'rɔna]
defender (vt)	**обороняти**	[oboro'nʲatɨ]
defender-se (vr)	**оборонятися**	[oboro'nʲatɨsʲa]
inimigo (m)	**ворог** (ч)	['wɔroɦ]
adversário (m)	**супротивник** (ч)	[supro'tɨwnɨk]
inimigo	**ворожий**	[wo'rɔʒɨj]
estratégia (f)	**стратегія** (ж)	[stra'tɛɦiʲa]
tática (f)	**тактика** (ж)	['taktɨka]
ordem (f)	**наказ** (ч)	[na'kaz]
comando (m)	**команда** (ж)	[ko'manda]
ordenar (vt)	**наказувати**	[na'kazuwatɨ]
missão (f)	**завдання** (c)	[zaw'danʲa]
secreto	**таємний**	[ta'ɛmnɨj]
batalha (f)	**битва** (ж)	['bɨtwa]
combate (m)	**бій** (ч)	[bij]
ataque (m)	**атака** (ж)	[a'taka]
assalto (m)	**штурм** (ч)	[ʃturm]
assaltar (vt)	**штурмувати**	[ʃturmu'watɨ]
assédio, sítio (m)	**облога** (ж)	[ob'lɔɦa]
ofensiva (f)	**наступ** (ч)	['nastup]
passar à ofensiva	**наступати**	[nastu'patɨ]
retirada (f)	**відступ** (ч)	['widstup]
retirar-se (vr)	**відступати**	[widstu'patɨ]
cerco (m)	**оточення** (c)	[o'tɔʧɛnʲa]
cercar (vt)	**оточувати**	[o'tɔʧuwatɨ]
bombardeio (m)	**бомбардування** (c)	[bombardu'wanʲa]
lançar uma bomba	**скинути бомбу**	['skɨnutɨ 'bɔmbu]
bombardear (vt)	**бомбардувати**	[bombardu'watɨ]
explosão (f)	**вибух** (ч)	['wɨbuh]
tiro (m)	**постріл** (ч)	['pɔstril]
disparar um tiro	**вистрілити**	['wɨstrilɨtɨ]
tiroteio (m)	**стрілянина** (ж)	[strilʲa'nɨna]
apontar para ...	**цілитися**	['ʦilɨtɨsʲa]
apontar (vt)	**навести**	[na'wɛstɨ]
acertar (vt)	**влучити**	['wluʧɨtɨ]
afundar (um navio)	**потопити**	[poto'pɨtɨ]

brecha (f)	**пробоїна** (ж)	[pro'bɔjɨna]
afundar-se (vr)	**йти на дно**	[jtɨ na dno]
frente (m)	**фронт** (ч)	[front]
evacuação (f)	**евакуація** (ж)	[ɛwaku'atsiʲa]
evacuar (vt)	**евакуювати**	[ɛwakuʲu'watɨ]
trincheira (f)	**окоп** (ч), **траншея** (ж)	[o'kɔp], [tran'ʃɛʲa]
arame (m) farpado	**колючий дріт** (ч)	[ko'lʲuʧɨj drit]
obstáculo (m) anticarro	**загородження** (с)	[zaɦo'rɔʤɛnʲa]
torre (f) de vigia	**вишка** (ж)	['wɨʃka]
hospital (m)	**шпиталь** (ч)	[ʃpɨ'talʲ]
ferir (vt)	**поранити**	[po'ranɨtɨ]
ferida (f)	**рана** (ж)	['rana]
ferido (m)	**поранений** (ч)	[po'ranɛnɨj]
ficar ferido	**отримати поранення**	[ot'rɨmatɨ po'ranɛnʲa]
grave (ferida ~)	**важкий**	[waʒ'kɨj]

113. Guerra. Ações militares. Parte 2

cativeiro (m)	**полон** (ч)	[po'lɔn]
capturar (vt)	**взяти в полон**	['wzʲatɨ w po'lɔn]
estar em cativeiro	**бути в полоні**	['butɨ w po'lɔni]
ser aprisionado	**потрапити в полон**	[pot'rapɨtɨ w po'lɔn]
campo (m) de concentração	**концтабір** (ч)	[konʦ'tabir]
prisioneiro (m) de guerra	**полонений** (ч)	[polo'nɛnɨj]
escapar (vi)	**тікати**	[ti'katɨ]
trair (vt)	**зрадити**	['zradɨtɨ]
traidor (m)	**зрадник** (ч)	['zradnɨk]
traição (f)	**зрада** (ж)	['zrada]
fuzilar, executar (vt)	**розстріляти**	[rozstri'lʲatɨ]
fuzilamento (m)	**розстріл** (ч)	['rɔzstril]
equipamento (m)	**обмундирування** (с)	[obmundɨru'wanʲa]
platina (f)	**погон** (ч)	[po'ɦɔn]
máscara (f) antigás	**протигаз** (ч)	[protɨ'ɦaz]
rádio (m)	**рація** (ж)	['raʦiʲa]
cifra (f), código (m)	**шифр** (ч)	[ʃɨfr]
conspiração (f)	**конспірація** (ж)	[konspi'raʦiʲa]
senha (f)	**пароль** (ч)	[pa'rɔlʲ]
mina (f)	**міна** (ж)	['mina]
minar (vt)	**мінувати**	[minu'watɨ]
campo (m) minado	**мінне поле** (с)	['minɛ 'pɔlɛ]
alarme (m) aéreo	**повітряна тривога** (ж)	[po'witrʲana trɨ'wɔɦa]
alarme (m)	**тривога** (ж)	[trɨ'wɔɦa]
sinal (m)	**сигнал** (ч)	[sɨɦ'nal]
sinalizador (m)	**сигнальна ракета** (ж)	[sɨɦ'nalʲna ra'kɛta]

estado-maior (m)	**штаб** (ч)	[ʃtab]
reconhecimento (m)	**розвідка** (ж)	['rɔzwidka]
situação (f)	**обстановка** (ж)	[obsta'nɔwka]
relatório (m)	**рапорт** (ч)	['raport]
emboscada (f)	**засідка** (ж)	['zasidka]
reforço (m)	**підкріплення** (с)	[pid'kriplɛnʲa]
alvo (m)	**мішень** (ж)	[mi'ʃɛnʲ]
campo (m) de tiro	**полігон** (ч)	[poli'ɦɔn]
manobras (f pl)	**маневри** (мн)	[ma'nɛwrɨ]
pânico (m)	**паніка** (ж)	['panika]
devastação (f)	**розруха** (ж)	[roz'ruha]
ruínas (f pl)	**руйнування** (мн)	[rujnu'wanʲa]
destruir (vt)	**зруйнувати**	[zrujnu'watɨ]
sobreviver (vi)	**вижити**	['wɨʒitɨ]
desarmar (vt)	**обеззброїти**	[obɛz'zbrɔjitɨ]
manusear (vt)	**поводитися**	[po'wɔditɨsʲa]
Firmes!	**Струнко!**	['strunko]
Descansar!	**Вільно!**	['wilʲno]
façanha (f)	**подвиг** (ч)	['pɔdwɨɦ]
juramento (m)	**клятва** (ж)	['klʲatwa]
jurar (vi)	**клястися**	['klʲastɨsʲa]
condecoração (f)	**нагорода** (ж)	[naɦo'rɔda]
condecorar (vt)	**нагороджувати**	[naɦo'rɔʤuwatɨ]
medalha (f)	**медаль** (ж)	[mɛ'dalʲ]
ordem (f)	**орден** (ч)	['ɔrdɛn]
vitória (f)	**перемога** (ж)	[pɛrɛ'mɔɦa]
derrota (f)	**поразка** (ж)	[po'razka]
armistício (m)	**перемир'я** (с)	[pɛrɛ'mɨrʔʲa]
bandeira (f)	**прапор** (ч)	['prapor]
glória (f)	**слава** (ж)	['slawa]
desfile (m) militar	**парад** (ч)	[pa'rad]
marchar (vi)	**марширувати**	[marʃiru'watɨ]

114. Armas

arma (f)	**зброя** (ж)	['zbrɔʲa]
arma (f) de fogo	**вогнепальна зброя** (ж)	[woɦnɛ'palʲna 'zbrɔʲa]
arma (f) branca	**холодна зброя** (ж)	[ho'lɔdna 'zbrɔʲa]
arma (f) química	**хімічна зброя** (ж)	[hi'mitʃna 'zbrɔʲa]
nuclear	**ядерний**	['ʲadɛrnɨj]
arma (f) nuclear	**ядерна зброя** (ж)	['ʲadɛrna 'zbrɔʲa]
bomba (f)	**бомба** (ж)	['bɔmba]
bomba (f) atómica	**атомна бомба** (ж)	['atomna 'bɔmba]
pistola (f)	**пістолет** (ч)	[pisto'lɛt]

caçadeira (f)	рушниця (ж)	[ruʃ'nitsʲa]
pistola-metralhadora (f)	автомат (ч)	[awto'mat]
metralhadora (f)	кулемет (ч)	[kulɛ'mɛt]
boca (f)	дуло (с)	['dulo]
cano (m)	ствол (ч)	[stwol]
calibre (m)	калібр (ч)	[ka'libr]
gatilho (m)	курок (ч)	[ku'rɔk]
mira (f)	приціл (ч)	[pri'tsil]
carregador (m)	магазин (ч)	[maɦa'zin]
coronha (f)	приклад (ч)	[prik'lad]
granada (f) de mão	граната (ж)	[ɦra'nata]
explosivo (m)	вибухівка (ж)	[wibu'ɦiwka]
bala (f)	куля (ж)	['kulʲa]
cartucho (m)	патрон (ч)	[pat'rɔn]
carga (f)	заряд (ч)	[za'rʲad]
munições (f pl)	боєприпаси (мн)	[bɔɛpri'pasi]
bombardeiro (m)	бомбардувальник (ч)	[bombardu'walʲnik]
avião (m) de caça	винищувач (ч)	[wi'niɕuwatʃ]
helicóptero (m)	вертоліт (ч)	[wɛrto'lit]
canhão (m) antiaéreo	зенітка (ж)	[zɛ'nitka]
tanque (m)	танк (ч)	[tank]
canhão (de um tanque)	гармата (ж)	[ɦar'mata]
artilharia (f)	артилерія (ж)	[arti'lɛriʲa]
canhão (m)	гармата (ж)	[ɦar'mata]
fazer a pontaria	навести	[na'wɛsti]
morteiro (m)	мінoмет (ч)	[mino'mɛt]
granada (f) de morteiro	міна (ж)	['mina]
obus (m)	снаряд (ч)	[sna'rʲad]
estilhaço (m)	осколок (ч)	[os'kɔlok]
submarino (m)	підводний човен (ч)	[pid'wɔdnij 'tʃɔwɛn]
torpedo (m)	торпеда (ж)	[tor'pɛda]
míssil (m)	ракета (ж)	[ra'kɛta]
carregar (uma arma)	заряджати	[zarʲa'dʒati]
atirar, disparar (vi)	стріляти	[stri'lʲati]
apontar para ...	цілитися	['tsilitisʲa]
baioneta (f)	багнет (ч)	[baɦ'nɛt]
espada (f)	шпага (ж)	['ʃpaɦa]
sabre (m)	шабля (ж)	['ʃablʲa]
lança (f)	спис (ч)	[spis]
arco (m)	лук (ч)	[luk]
flecha (f)	стріла (ж)	[stri'la]
mosquete (m)	мушкет (ч)	[muʃ'kɛt]
besta (f)	арбалет (ч)	[arba'lɛt]

115. Povos da antiguidade

primitivo	первісний	[pɛr'wisnij]
pré-histórico	доісторичний	[doisto'ritʃnij]
antigo	стародавній	[staro'dawnij]

Idade (f) da Pedra	Кам'яний вік (ч)	[kamʲa'nij wik]
Idade (f) do Bronze	Бронзовий вік (ч)	['brɔnzowij wik]
período (m) glacial	льодовиковий період (ч)	[lʲodowi'kɔwij pɛ'riod]

tribo (f)	плем'я (с)	['plɛmʲa]
canibal (m)	людоїд (ч)	[lʲudo'jid]
caçador (m)	мисливець (ч)	[mis'liwɛts]
caçar (vi)	полювати	[polʲu'wati]
mamute (m)	мамонт (ч)	['mamont]

caverna (f)	печера (ж)	[pɛ'tʃɛra]
fogo (m)	вогонь (ч)	[wo'ɦonʲ]
fogueira (f)	багаття (с)	[ba'ɦattʲa]
pintura (f) rupestre	наскальний малюнок (ч)	[na'skalʲnij ma'lʲunok]

ferramenta (f)	знаряддя (с) праці	[zna'rʲaddʲa 'pratsi]
lança (f)	спис (ч)	[spis]
machado (m) de pedra	кам'яна сокира (ж)	[kamʲa'na so'kira]
guerrear (vt)	воювати	[wolʲu'wati]
domesticar (vt)	приручати	[priru'tʃati]

ídolo (m)	ідол (ч)	['idol]
adorar, venerar (vt)	поклонятися	[poklo'nʲatisʲa]
superstição (f)	забобони (мн)	[zabo'bɔni]
ritual (m)	обряд, ритуал (ч)	[ob'rʲad], [ritu'al]

evolução (f)	еволюція (ж)	[ɛwo'lʲutsiʲa]
desenvolvimento (m)	розвиток (ч)	['rɔzwitok]
desaparecimento (m)	зникнення (с)	['zniknɛnʲa]
adaptar-se (vr)	пристосовуватися	[pristosowu'watisʲa]

arqueologia (f)	археологія (ж)	[arɦɛo'lɔɦiʲa]
arqueólogo (m)	археолог (ч)	[arɦɛ'ɔloɦ]
arqueológico	археологічний	[arɦɛolo'ɦitʃnij]

local (m) das escavações	розкопки (мн)	[roz'kɔpki]
escavações (f pl)	розкопки (мн)	[roz'kɔpki]
achado (m)	знахідка (ж)	[zna'ɦidka]
fragmento (m)	фрагмент (ч)	[fraɦ'mɛnt]

116. Idade média

povo (m)	народ (ч)	[na'rɔd]
povos (m pl)	народи (мн)	[na'rɔdi]
tribo (f)	плем'я (с)	['plɛmʲa]
tribos (f pl)	племена (мн)	[plɛmɛ'na]
bárbaros (m pl)	варвари (мн)	['warwari]

gauleses (m pl)	гали (ч)	['ɦali]
godos (m pl)	готи (мн)	['ɦɔti]
eslavos (m pl)	слов'яни (мн)	[slo'wʲani]
víquingues (m pl)	вікінги (мн)	['wikinɦi]
romanos (m pl)	римляни (мн)	[rim'lʲani]
romano	Римський Папа	['rimsʲkij 'papa]
bizantinos (m pl)	візантійці (мн)	[wizan'tijtsi]
Bizâncio	Візантія (ж)	[wizan'tiʲa]
bizantino	візантійський	[wizan'tijsʲkij]
imperador (m)	імператор (ч)	[impɛ'rator]
líder (m)	вождь (ч)	[wɔʒdʲ]
poderoso	могутній	[mo'ɦutnij]
rei (m)	король (ч)	[ko'rɔlʲ]
governante (m)	правитель (ч)	[pra'witɛlʲ]
cavaleiro (m)	лицар (ч)	['litsar]
senhor feudal (m)	феодал (ч)	[fɛo'dal]
feudal	феодальний	[fɛo'dalʲnij]
vassalo (m)	васал (ч)	[wa'sal]
duque (m)	герцог (ч)	['ɦɛrtsoɦ]
conde (m)	граф (ч)	[ɦraf]
barão (m)	барон (ч)	[ba'rɔn]
bispo (m)	єпископ (ч)	[ɛ'piskop]
armadura (f)	лати (мн)	['lati]
escudo (m)	щит (ч)	[ɕit]
espada (f)	меч (ч)	[mɛtʃ]
viseira (f)	забрало (с)	[za'bralo]
cota (f) de malha	кольчуга (ж)	[kolʲ'tʃuɦa]
cruzada (f)	хрестовий похід (ч)	[hrɛs'tɔwij po'hid]
cruzado (m)	хрестоносець (ч)	[hrɛsto'nɔsɛts]
território (m)	територія (ж)	[tɛri'toriʲa]
atacar (vt)	нападати	[napa'dati]
conquistar (vt)	завоювати	[zawoʲu'wati]
ocupar, invadir (vt)	захопити	[zaho'piti]
assédio, sítio (m)	облога (ж)	[ob'lɔɦa]
sitiado	обложений	[ob'lɔʒɛnij]
assediar, sitiar (vt)	облягати	[oblʲa'ɦati]
inquisição (f)	інквізиція (ж)	[inkwi'zitsiʲa]
inquisidor (m)	інквізитор (ч)	[inkwi'zitor]
tortura (f)	катування (с)	[katu'wanʲa]
cruel	жорстокий	[ʒor'stɔkij]
herege (m)	єретик (ч)	[ɛ'rɛtik]
heresia (f)	єресь (ж)	['ɛrɛsʲ]
navegação (f) marítima	мореплавання (с)	[morɛ'plawanʲa]
pirata (m)	пірат (ч)	[pi'rat]
pirataria (f)	піратство (с)	[pi'ratstwo]

abordagem (f)	**абордаж** (ч)	[abor'daʒ]
presa (f), butim (m)	**здобич** (ж)	['zdɔbɨʧ]
tesouros (m pl)	**скарби** (мн)	[skar'bɨ]
descobrimento (m)	**відкриття** (с)	[widkrɨt'tʲa]
descobrir (novas terras)	**відкрити**	[wid'krɨtɨ]
expedição (f)	**експедиція** (ж)	[ɛkspɛ'dɨʦiʲa]
mosqueteiro (m)	**мушкетер** (ч)	[muʃkɛ'tɛr]
cardeal (m)	**кардинал** (ч)	[kardɨ'nal]
heráldica (f)	**геральдика** (ж)	[ɦɛ'ralʲdɨka]
heráldico	**геральдичний**	[ɦɛralʲ'dɨʧnɨj]

117. Líder. Chefe. Autoridades

rei (m)	**король** (ч)	[ko'rɔlʲ]
rainha (f)	**королева** (ж)	[koro'lɛwa]
real	**королівський**	[koro'liwsʲkɨj]
reino (m)	**королівство** (с)	[koro'liwstwo]
príncipe (m)	**принц** (ч)	[prɨnʦ]
princesa (f)	**принцеса** (ж)	[prɨn'ʦɛsa]
presidente (m)	**президент** (ч)	[prɛzɨ'dɛnt]
vice-presidente (m)	**віце-президент** (ч)	['wiʦɛ prɛzɨ'dɛnt]
senador (m)	**сенатор** (ч)	[sɛ'nator]
monarca (m)	**монарх** (ч)	[mo'narh]
governante (m)	**правитель** (ч)	[pra'wɨtɛlʲ]
ditador (m)	**диктатор** (ч)	[dɨk'tator]
tirano (m)	**тиран** (ч)	[tɨ'ran]
magnata (m)	**магнат** (ч)	[maɦ'nat]
diretor (m)	**директор** (ч)	[dɨ'rɛktor]
chefe (m)	**шеф** (ч)	[ʃɛf]
dirigente (m)	**керівник** (ч)	[kɛriw'nɨk]
patrão (m)	**бос** (ч)	[bos]
dono (m)	**господар** (ч)	[ɦos'pɔdar]
líder, chefe (m)	**вождь** (ч), **лідер** (ч)	[woʒdʲ], ['lidɛr]
chefe (~ de delegação)	**голова** (ж)	[ɦolo'wa]
autoridades (f pl)	**влада** (ж)	['wlada]
superiores (m pl)	**керівництво** (с)	[kɛriw'nɨʦtwo]
governador (m)	**губернатор** (ч)	[ɦubɛr'nator]
cônsul (m)	**консул** (ч)	['kɔnsul]
diplomata (m)	**дипломат** (ч)	[dɨplo'mat]
Presidente (m) da Câmara	**мер** (ч)	[mɛr]
xerife (m)	**шериф** (ч)	[ʃɛ'rɨf]
imperador (m)	**імператор** (ч)	[impɛ'rator]
czar (m)	**цар** (ч)	[ʦar]
faraó (m)	**фараон** (ч)	[fara'ɔn]
cã (m)	**хан** (ч)	[han]

118. Viloação da lei. Criminosos. Parte 1

bandido (m)	**бандит** (ч)	[ban'dɨt]
crime (m)	**злочин** (ч)	['zlɔʧɨn]
criminoso (m)	**злочинець** (ч)	[zlo'ʧɨnɛʦ]
ladrão (m)	**злодій** (ч)	['zlɔdij]
roubar (vt)	**красти**	['krastɨ]
roubo (ladroagem)	**викрадення** (с)	['wɨkradɛnʲa]
furto (m)	**крадіжка** (ж)	[kra'diʒka]
raptar (ex. ~ uma criança)	**викрасти**	['wɨkrastɨ]
rapto (m)	**викрадення** (с)	['wɨkradɛnʲa]
raptor (m)	**викрадач** (ч)	[wɨkra'daʧ]
resgate (m)	**викуп** (ч)	['wɨkup]
pedir resgate	**вимагати викуп**	[wɨma'ɦatɨ 'wɨkup]
roubar (vt)	**грабувати**	[ɦrabu'watɨ]
assalto, roubo (m)	**пограбування** (с), **грабіж** (ч)	[poɦrabu'wanʲa], [ɦra'biʒ]
assaltante (m)	**грабіжник** (ч)	[ɦra'biʒnɨk]
extorquir (vt)	**вимагати**	[wɨma'ɦatɨ]
extorsionário (m)	**вимагач** (ч)	[wɨma'ɦaʧ]
extorsão (f)	**вимагання** (с)	[wɨma'ɦanʲa]
matar, assassinar (vt)	**вбити**	['wbɨtɨ]
homicídio (m)	**вбивство** (с)	['wbɨwstwo]
homicida, assassino (m)	**вбивця** (ч)	['wbɨwʦʲa]
tiro (m)	**постріл** (ч)	['pɔstril]
dar um tiro	**вистрілити**	['wɨstrilɨtɨ]
matar a tiro	**застрелити**	[za'strɛlɨtɨ]
atirar, disparar (vi)	**стріляти**	[stri'lʲatɨ]
tiroteio (m)	**стрілянина** (ж)	[strilʲa'nɨna]
incidente (m)	**подія** (ж)	[po'diʲa]
briga (~ de rua)	**бійка** (ж)	['bijka]
Socorro!	**Допоможіть! Врятуйте!**	[dopomo'ʒitʲ], [wrʲa'tujtɛ!]
vítima (f)	**жертва** (ж)	['ʒɛrtwa]
danificar (vt)	**пошкодити**	[poʃ'kɔdɨtɨ]
dano (m)	**шкода** (ж)	['ʃkɔda]
cadáver (m)	**труп** (ч)	[trup]
grave	**тяжкий**	[tʲaʒ'kɨj]
atacar (vt)	**напасти**	[na'pastɨ]
bater (espancar)	**бити**	['bɨtɨ]
espancar (vt)	**побити**	[po'bɨtɨ]
tirar, roubar (dinheiro)	**відібрати**	[widi'bratɨ]
esfaquear (vt)	**зарізати**	[za'rizatɨ]
mutilar (vt)	**покалічити**	[poka'liʧɨtɨ]
ferir (vt)	**поранити**	[po'ranɨtɨ]
chantagem (f)	**шантаж** (ч)	[ʃan'taʒ]
chantagear (vt)	**шантажувати**	[ʃantaʒu'watɨ]

chantagista (m)	шантажист (ч)	[ʃanta'ʒist]
extorsão	рекет (ч)	['rɛkɛt]
(em troca de proteção)		
extorsionário (m)	рекетир (ч)	[rɛkɛ'tir]
gângster (m)	гангстер (ч)	['hanɦstɛr]
máfia (f)	мафія (ж)	['mafiʲa]
carteirista (m)	кишеньковий злодій (ч)	[kiʃɛnʲ'kɔwij 'zlɔdij]
assaltante, ladrão (m)	зломщик (ч)	['zlɔmɕik]
contrabando (m)	контрабанда (ж)	[kontra'banda]
contrabandista (m)	контрабандист (ч)	[kontraban'dist]
falsificação (f)	підробка (ж)	[pid'rɔbka]
falsificar (vt)	підробляти	[pidrob'lʲati]
falsificado	фальшивий	[falʲ'ʃiwij]

119. Viloação da lei. Criminosos. Parte 2

violação (f)	зґвалтування (с)	[zgwaltu'wanʲa]
violar (vt)	зґвалтувати	[zgwaltu'wati]
violador (m)	ґвалтівник (ч)	[gwaltiw'nik]
maníaco (m)	маніяк (ч)	[manʲiʲak]
prostituta (f)	проститутка (ж)	[prosti'tutka]
prostituição (f)	проституція (ж)	[prosti'tutsiʲa]
chulo (m)	сутенер (ч)	[sutɛ'nɛr]
toxicodependente (m)	наркоман (ч)	[narko'man]
traficante (m)	наркоторговець (ч)	[narkotor'ɦowɛts]
explodir (vt)	підірвати	[pidir'wati]
explosão (f)	вибух (ч)	['wibuɦ]
incendiar (vt)	підпалити	[pidpa'liti]
incendiário (m)	підпалювач (ч)	[pid'palʲuwatʃ]
terrorismo (m)	тероризм (ч)	[tɛro'rizm]
terrorista (m)	терорист (ч)	[tɛro'rist]
refém (m)	заручник (ч)	[za'rutʃnik]
enganar (vt)	обманути	[obma'nuti]
engano (m)	обман (ч)	[ob'man]
vigarista (m)	шахрай (ч)	[ʃah'raj]
subornar (vt)	підкупити	[pidku'piti]
suborno (atividade)	підкуп (ч)	['pidkup]
suborno (dinheiro)	хабар (ч)	[ɦa'bar]
veneno (m)	отрута (ж)	[ot'ruta]
envenenar (vt)	отруїти	[otru'jiti]
envenenar-se (vr)	отруїтись	[otru'jitisʲ]
suicídio (m)	самогубство (с)	[samo'ɦubstwo]
suicida (m)	самогубець (ч)	[samo'ɦubɛtsʲ]
ameaçar (vt)	погрожувати	[poɦ'rɔʒuwati]

ameaça (f)	погроза (ж)	[poɦ'rɔza]
atentar contra a vida de ...	вчинити замах	[wtʃi'niti 'zamah]
atentado (m)	замах (ч)	['zamah]
roubar (o carro)	украсти	[uk'rasti]
desviar (o avião)	викрасти	['wɨkrasti]
vingança (f)	помста (ж)	['pɔmsta]
vingar (vt)	мстити	['mstiti]
torturar (vt)	катувати	[katu'wati]
tortura (f)	катування (с)	[katu'wanʲa]
atormentar (vt)	мучити	['mutʃiti]
pirata (m)	пірат (ч)	[pi'rat]
desordeiro (m)	хуліган (ч)	[huli'ɦan]
armado	озброєний	[oz'brɔɛnij]
violência (f)	насильство (с)	[na'sɨlʲstwo]
ilegal	нелегальний	[nɛlɛ'ɦalʲnij]
espionagem (f)	шпигунство (с)	[ʃpi'ɦunstwo]
espionar (vi)	шпигувати	[ʃpiɦu'wati]

120. Polícia. Lei. Parte 1

justiça (f)	правосуддя (с)	[prawo'suddʲa]
tribunal (m)	суд (ч)	[sud]
juiz (m)	суддя (ч)	[sud'dʲa]
jurados (m pl)	присяжні (мн)	[pri'sʲaʒni]
tribunal (m) do júri	суд (ч) присяжних	[sud pri'sʲaʒnɨh]
julgar (vt)	судити	[su'diti]
advogado (m)	адвокат (ч)	[adwo'kat]
réu (m)	підсудний (ч)	[pid'sudnij]
banco (m) dos réus	лава (ж) підсудних	['lawa pid'sudnih]
acusação (f)	обвинувачення (с)	[obwinu'watʃɛnʲa]
acusado (m)	обвинувачений (ч)	[obwinu'watʃɛnij]
sentença (f)	вирок (ч)	['wirok]
sentenciar (vt)	присудити	[prisu'diti]
culpado (m)	винуватець (ч)	[winu'watɛts]
punir (vt)	покарати	[poka'rati]
punição (f)	покарання (с)	[poka'ranʲa]
multa (f)	штраф (ч)	[ʃtraf]
prisão (f) perpétua	довічне ув'язнення (с)	[do'witʃnɛ u'wʲaznɛnʲa]
pena (f) de morte	смертна кара (ж)	['smɛrtna 'kara]
cadeira (f) elétrica	електричний стілець (ч)	[ɛlɛkt'ritʃnij sti'lɛts]
forca (f)	шибениця (ж)	['ʃibɛnitsʲa]
executar (vt)	стратити	['stratiti]
execução (f)	страта (ж)	['strata]

prisão (f)	**в'язниця** (ж)	[wˀʲaz'nitsʲa]
cela (f) de prisão	**камера** (ж)	['kamɛra]
escolta (f)	**конвой** (ч)	[kon'wɔj]
guarda (m) prisional	**наглядач** (ч)	[naɦlʲa'datʃ]
preso (m)	**в'язень** (ч)	['wˀʲazɛnʲ]
algemas (f pl)	**наручники** (мн)	[na'rutʃnɨkɨ]
algemar (vt)	**надіти наручники**	[na'ditɨ na'rutʃnɨkɨ]
fuga, evasão (f)	**втеча** (ж)	['wtɛtʃa]
fugir (vi)	**утекти**	[utɛk'tɨ]
desaparecer (vi)	**зникнути**	['znɨknutɨ]
soltar, libertar (vt)	**звільнити**	[zwilʲ'nɨtɨ]
amnistia (f)	**амністія** (ж)	[am'nistiʲa]
polícia (instituição)	**поліція** (ж)	[po'litsiʲa]
polícia (m)	**поліцейський** (ч)	[poli'tsɛjsʲkɨj]
esquadra (f) de polícia	**поліцейський відділок** (ч)	[poli'tsɛjsʲkɨj 'widdilok]
cassetete (m)	**гумовий кийок** (ч)	['ɦumowɨj kɨ'jɔk]
megafone (m)	**рупор** (ч)	['rupor]
carro (m) de patrulha	**патрульна машина** (ж)	[pat'rulʲna ma'ʃɨna]
sirene (f)	**сирена** (ж)	[sɨ'rɛna]
ligar a sirene	**увімкнути сирену**	[uwimk'nutɨ sɨ'rɛnu]
toque (m) da sirene	**виття** (с) **сирени**	[wɨt'tʲa sɨ'rɛnɨ]
cena (f) do crime	**місце** (с) **події**	['mistsɛ po'dijɨ]
testemunha (f)	**свідок** (ч)	['swidok]
liberdade (f)	**воля** (ж)	['wɔlʲa]
cúmplice (m)	**спільник** (ч)	['spilʲnɨk]
escapar (vi)	**зникнути**	['znɨknutɨ]
traço (não deixar ~s)	**слід** (ч)	[slid]

121. Polícia. Lei. Parte 2

procura (f)	**розшук** (ч)	['rɔzʃuk]
procurar (vt)	**розшукувати**	[roz'ʃukuwatɨ]
suspeita (f)	**підозра** (ж)	[pi'dɔzra]
suspeito	**підозрілий**	[pido'zrilɨj]
parar (vt)	**зупинити**	[zupɨ'nɨtɨ]
deter (vt)	**затримати**	[za'trɨmatɨ]
caso (criminal)	**справа** (ж)	['sprawa]
investigação (f)	**розслідування** (с)	[roz'sliduwanʲa]
detetive (m)	**детектив** (ч)	[dɛtɛk'tɨw]
investigador (m)	**слідчий** (ч)	['slidtʃɨj]
versão (f)	**версія** (ж)	['wɛrsiʲa]
motivo (m)	**мотив** (ч)	[mo'tɨw]
interrogatório (m)	**допит** (ч)	['dɔpɨt]
interrogar (vt)	**допитувати**	[do'pɨtuwatɨ]
questionar (vt)	**опитувати**	[o'pɨtuwatɨ]
verificação (f)	**перевірка** (ж)	[pɛrɛ'wirka]

batida (f) policial	облава (ж)	[ob'lawa]
busca (f)	обшук (ч)	['ɔbʃuk]
perseguição (f)	погоня (ж)	[po'ɦɔnʲa]
perseguir (vt)	переслідувати	[pɛrɛs'liduwati]
seguir (vt)	слідкувати	[slidku'wati]

prisão (f)	арешт (ч)	[a'rɛʃt]
prender (vt)	заарештувати	[zaarɛʃtu'wati]
pegar, capturar (vt)	спіймати	[spij'mati]
captura (f)	затримання (c)	[za'trimanʲa]

documento (m)	документ (ч)	[doku'mɛnt]
prova (f)	доказ (ч)	['dɔkaz]
provar (vt)	доводити	[do'wɔditi]
pegada (f)	слід (ч)	[slid]
impressões (f pl) digitais	відбитки (мн) пальців	[wid'bitkɨ 'palʲtsiw]
prova (f)	доказ (ч)	['dɔkaz]

álibi (m)	алібі (c)	['alibi]
inocente	невинний	[nɛ'winij]
injustiça (f)	несправедливість (ж)	[nɛsprawɛd'liwistʲ]
injusto	несправедливий	[nɛsprawɛd'liwij]

criminal	кримінальний	[krimi'nalʲnij]
confiscar (vt)	конфіскувати	[konfisku'wati]
droga (f)	наркотик (ч)	[nar'kɔtik]
arma (f)	зброя (ж)	['zbrɔʲa]
desarmar (vt)	обеззброїти	[obɛz'zbrɔjiti]
ordenar (vt)	наказувати	[na'kazuwati]
desaparecer (vi)	зникнути	['zniknuti]

lei (f)	закон (ч)	[za'kɔn]
legal	законний	[za'kɔnij]
ilegal	незаконний	[nɛza'kɔnij]

| responsabilidade (f) | відповідальність (ж) | [widpowi'dalʲnistʲ] |
| responsável | відповідальний | [widpowi'dalʲnij] |

NATUREZA

A Terra. Parte 1

122. Espaço sideral

cosmos (m)	космос (ч)	['kɔsmos]
cósmico	космічний	[kos'mitʃnij]
espaço (m) cósmico	космічний простір (ч)	[kos'mitʃnij 'prɔstir]
mundo (m)	світ (ч)	[swit]
universo (m)	всесвіт (ч)	['wsɛswit]
galáxia (f)	галактика (ж)	[ɦa'laktika]
estrela (f)	зірка (ж)	['zirka]
constelação (f)	сузір'я (с)	[su'zirʲa]
planeta (m)	планета (ж)	[pla'nɛta]
satélite (m)	супутник (ч)	[su'putnik]
meteorito (m)	метеорит (ч)	[mɛtɛo'rit]
cometa (m)	комета (ж)	[ko'mɛta]
asteroide (m)	астероїд (ч)	[astɛ'rɔjɨd]
órbita (f)	орбіта (ж)	[or'bita]
girar (vi)	обертатися	[obɛr'tatisʲa]
atmosfera (f)	атмосфера (ж)	[atmos'fɛra]
Sol (m)	Сонце (с)	['sɔntsɛ]
Sistema (m) Solar	Сонячна система (ж)	['sɔnʲatʃna sis'tɛma]
eclipse (m) solar	сонячне затемнення (с)	['sɔnʲatʃnɛ za'tɛmnɛnʲa]
Terra (f)	Земля (ж)	[zɛm'lʲa]
Lua (f)	Місяць (ж)	['misʲats]
Marte (m)	Марс (ч)	[mars]
Vénus (f)	Венера (ж)	[wɛ'nɛra]
Júpiter (m)	Юпітер (ч)	[ʲu'pitɛr]
Saturno (m)	Сатурн (ч)	[sa'turn]
Mercúrio (m)	Меркурій (ч)	[mɛr'kurij]
Urano (m)	Уран (ч)	[u'ran]
Neptuno (m)	Нептун (ч)	[nɛp'tun]
Plutão (m)	Плутон (ч)	[plu'tɔn]
Via Láctea (f)	Чумацький Шлях (ч)	[tʃu'matskij ʃlʲah]
Ursa Maior (f)	Велика Ведмедиця (ж)	[wɛ'lika wɛd'mɛditsʲa]
Estrela Polar (f)	Полярна Зірка (ж)	[po'lʲarna 'zirka]
marciano (m)	марсіанин (ч)	[marsi'anin]
extraterrestre (m)	інопланетянин (ч)	[inoplanɛ'tʲanin]

alienígena (m)	**прибулець** (ч)	[pri'bulɛʦ]
disco (m) voador	**літаюча тарілка** (ж)	[li'taʲuʧa ta'rilka]
nave (f) espacial	**космічний корабель** (ч)	[kos'miʧnij kora'bɛlʲ]
estação (f) orbital	**орбітальна станція** (ж)	[orbi'talʲna 'stanʦiʲa]
lançamento (m)	**старт** (ч)	[start]
motor (m)	**двигун** (ч)	[dwi'ɦun]
bocal (m)	**сопло** (с)	['sɔplo]
combustível (m)	**паливо** (с)	['paliwo]
cabine (f)	**кабіна** (ж)	[ka'bina]
antena (f)	**антена** (ж)	[an'tɛna]
vigia (f)	**ілюмінатор** (ч)	[ilʲumi'nator]
bateria (f) solar	**сонячна батарея** (ж)	['sɔnʲaʧna bata'rɛʲa]
traje (m) espacial	**скафандр** (ч)	[ska'fandr]
imponderabilidade (f)	**невагомість** (ж)	[nɛwa'ɦɔmistʲ]
oxigénio (m)	**кисень** (ч)	['kisɛnʲ]
acoplagem (f)	**стикування** (с)	[stiku'wanʲa]
fazer uma acoplagem	**здійснювати стикування**	['zdijsnʲuwati stiku'wanʲa]
observatório (m)	**обсерваторія** (ж)	[obsɛrwa'tɔriʲa]
telescópio (m)	**телескоп** (ч)	[tɛlɛ'skɔp]
observar (vt)	**спостерігати**	[spostɛri'ɦati]
explorar (vt)	**досліджувати**	[do'sliʤuwati]

123. A Terra

Terra (f)	**Земля** (ж)	[zɛm'lʲa]
globo terrestre (Terra)	**земна куля** (ж)	[zɛm'na 'kulʲa]
planeta (m)	**планета** (ж)	[pla'nɛta]
atmosfera (f)	**атмосфера** (ж)	[atmos'fɛra]
geografia (f)	**географія** (ж)	[ɦɛo'ɦrafiʲa]
natureza (f)	**природа** (ж)	[pri'rɔda]
globo (mapa esférico)	**глобус** (ч)	['ɦlɔbus]
mapa (m)	**карта** (ж)	['karta]
atlas (m)	**атлас** (ч)	['atlas]
Europa (f)	**Європа** (ж)	[ɛw'rɔpa]
Ásia (f)	**Азія** (ж)	['aziʲa]
África (f)	**Африка** (ж)	['afrika]
Austrália (f)	**Австралія** (ж)	[aw'straliʲa]
América (f)	**Америка** (ж)	[a'mɛrika]
América (f) do Norte	**Північна Америка** (ж)	[piw'niʧna a'mɛrika]
América (f) do Sul	**Південна Америка** (ж)	[piw'dɛna a'mɛrika]
Antártida (f)	**Антарктида** (ж)	[antark'tida]
Ártico (m)	**Арктика** (ж)	['arktika]

124. Pontos cardeais

norte (m)	**північ** (ж)	['piwnitʃ]
para norte	**на північ**	[na 'piwnitʃ]
no norte	**на півночі**	[na 'piwnotʃi]
do norte	**північний**	[piw'nitʃnɨj]
sul (m)	**південь** (ч)	['piwdɛnʲ]
para sul	**на південь**	[na 'piwdɛnʲ]
no sul	**на півдні**	[na 'piwdni]
do sul	**південний**	[piw'dɛnɨj]
oeste, ocidente (m)	**захід** (ч)	['zahid]
para oeste	**на захід**	[na 'zahid]
no oeste	**на заході**	[na 'zahodi]
ocidental	**західний**	['zahidnɨj]
leste, oriente (m)	**схід** (ч)	[shid]
para leste	**на схід**	[na 'shid]
no leste	**на сході**	[na 'shɔdi]
oriental	**східний**	['shidnɨj]

125. Mar. Oceano

mar (m)	**море** (с)	['mɔrɛ]
oceano (m)	**океан** (ч)	[okɛ'an]
golfo (m)	**затока** (ж)	[za'tɔka]
estreito (m)	**протока** (ж)	[pro'tɔka]
terra (f) firme	**земля, суша** (ж)	[zɛm'lʲa], ['suʃa]
continente (m)	**материк** (ч)	[matɛ'rɨk]
ilha (f)	**острів** (ч)	['ɔstriw]
península (f)	**півострів** (ч)	[pi'wɔstriw]
arquipélago (m)	**архіпелаг** (ч)	[arhipɛ'laɦ]
baía (f)	**бухта** (ж)	['buhta]
porto (m)	**гавань** (ж)	['ɦawanʲ]
lagoa (f)	**лагуна** (ж)	[la'ɦuna]
cabo (m)	**мис** (ч)	[mɨs]
atol (m)	**атол** (ч)	[a'tɔl]
recife (m)	**риф** (ч)	[rɨf]
coral (m)	**корал** (ч)	[ko'ral]
recife (m) de coral	**кораловий риф** (ч)	[ko'ralowɨj rɨf]
profundo	**глибокий**	[ɦlɨ'bɔkɨj]
profundidade (f)	**глибина** (ж)	[ɦlɨbɨ'na]
abismo (m)	**безодня** (ж)	[bɛ'zɔdnʲa]
fossa (f) oceânica	**западина** (ж)	[za'padɨna]
corrente (f)	**течія** (ж)	['tɛtʃiʲa]
banhar (vt)	**омивати**	[omɨ'watɨ]
litoral (m)	**берег** (ч)	['bɛrɛɦ]

costa (f)	узбережжя (с)	[uzbɛˈrɛʒʲa]
maré (f) alta	приплив (ч)	[pripˈliw]
refluxo (m), maré (f) baixa	відлив (ч)	[widˈliw]
restinga (f)	мілина (ж)	[miliˈna]
fundo (m)	дно (с)	[dno]
onda (f)	хвиля (ж)	[ˈhwilʲa]
crista (f) da onda	гребінь (ч) хвилі	[ˈɦrɛbinʲ ˈhwili]
espuma (f)	піна (ж)	[piˈna]
tempestade (f)	буря (ж)	[ˈburʲa]
furacão (m)	ураган (ч)	[uraɦan]
tsunami (m)	цунамі (с)	[ʦuˈnami]
calmaria (f)	штиль (ч)	[ʃtilʲ]
calmo	спокійний	[spoˈkijnij]
polo (m)	полюс (ч)	[ˈpɔlʲus]
polar	полярний	[poˈlʲarnij]
latitude (f)	широта (ж)	[ʃiroˈta]
longitude (f)	довгота (ж)	[dowɦoˈta]
paralela (f)	паралель (ж)	[paraˈlɛlʲ]
equador (m)	екватор (ч)	[ɛkˈwator]
céu (m)	небо (с)	[ˈnɛbo]
horizonte (m)	горизонт (ч)	[ɦoriˈzɔnt]
ar (m)	повітря (с)	[poˈwitrʲa]
farol (m)	маяк (ч)	[maˈʲak]
mergulhar (vi)	пірнати	[pirˈnati]
afundar-se (vr)	затонути	[zatoˈnuti]
tesouros (m pl)	скарби (мн)	[skarˈbi]

126. Nomes de Mares e Oceanos

Oceano (m) Atlântico	Атлантичний океан (ч)	[atlanˈtiʧnij okɛˈan]
Oceano (m) Índico	Індійський океан (ч)	[inˈdijsʲkij okɛˈan]
Oceano (m) Pacífico	Тихий океан (ч)	[ˈtiɦij okɛˈan]
Oceano (m) Ártico	Північний Льодовитий океан (ч)	[piwˈniʧnij lʲodoˈwitij okɛˈan]
Mar (m) Negro	Чорне море (с)	[ˈʧɔrnɛ ˈmɔrɛ]
Mar (m) Vermelho	Червоне море (с)	[ʧɛrˈwɔnɛ ˈmɔrɛ]
Mar (m) Amarelo	Жовте море (с)	[ˈʒowtɛ ˈmɔrɛ]
Mar (m) Branco	Біле море (с)	[ˈbilɛ ˈmɔrɛ]
Mar (m) Cáspio	Каспійське море (с)	[kasˈpijsʲkɛ ˈmɔrɛ]
Mar (m) Morto	Мертве море (с)	[ˈmɛrtwɛ ˈmɔrɛ]
Mar (m) Mediterrâneo	Середземне море (с)	[sɛrɛˈdzɛmnɛ ˈmɔrɛ]
Mar (m) Egeu	Егейське море (с)	[ɛˈɦɛjsʲkɛ ˈmɔrɛ]
Mar (m) Adriático	Адріатичне море (с)	[adriaˈtiʧnɛ ˈmɔrɛ]
Mar (m) Arábico	Аравійське море (с)	[araˈwijsʲkɛ ˈmɔrɛ]
Mar (m) do Japão	Японське море (с)	[jaˈpɔnsʲkɛ ˈmɔrɛ]

| Mar (m) de Bering | Берингове море (c) | ['bɛrinɦowɛ 'mɔrɛ] |
| Mar (m) da China Meridional | Південно-Китайське море (c) | [piw'dɛno ki'tajsʲkɛ 'mɔrɛ] |

Mar (m) de Coral	Коралове море (c)	[ko'ralowɛ 'mɔrɛ]
Mar (m) de Tasman	Тасманове море (c)	[tas'manowɛ 'mɔrɛ]
Mar (m) do Caribe	Карибське море (c)	[ka'ribsʲkɛ 'mɔrɛ]

| Mar (m) de Barents | Баренцеве море (c) | ['barɛntsɛwɛ 'mɔrɛ] |
| Mar (m) de Kara | Карське море (c) | ['karsʲkɛ 'mɔrɛ] |

Mar (m) do Norte	Північне море (c)	[piw'nitʃnɛ 'mɔrɛ]
Mar (m) Báltico	Балтійське море (c)	[bal'tijsʲkɛ 'mɔrɛ]
Mar (m) da Noruega	Норвезьке море (c)	[nor'wɛzʲkɛ 'mɔrɛ]

127. Montanhas

montanha (f)	гора (ж)	[ɦo'ra]
cordilheira (f)	гірський ланцюг (ч)	[ɦirsʲ'kij lan'tsʲuɦ]
serra (f)	гірський хребет (ч)	[ɦirsʲ'kij ɦrɛ'bɛt]

cume (m)	вершина (ж)	[wɛr'ʃina]
pico (m)	шпиль (ч)	[ʃpilʲ]
sopé (m)	підніжжя (c)	[pid'niʒʲa]
declive (m)	схил (ч)	[shil]

vulcão (m)	вулкан (ч)	[wul'kan]
vulcão (m) ativo	діючий вулкан (ч)	['dijutʃij wul'kan]
vulcão (m) extinto	згаслий вулкан (ч)	['zɦaslij wul'kan]

erupção (f)	виверження (c)	['wiwɛrʒɛnʲa]
cratera (f)	кратер (ч)	['kratɛr]
magma (m)	магма (ж)	['maɦma]
lava (f)	лава (ж)	['lawa]
fundido (lava ~a)	розжарений	[roz'ʒarɛnij]

desfiladeiro (m)	каньйон (ч)	[kanʲ'jon]
garganta (f)	ущелина (ж)	[u'ɕɛlina]
fenda (f)	розщілина (ж)	[roz'ɕilina]
precipício (m)	прірва (ж), обрив (ч)	['prirwa], [ob'riw]

passo, colo (m)	перевал (ч)	[pɛrɛ'wal]
planalto (m)	плато (c)	['plato]
falésia (f)	скеля (ж)	['skɛlʲa]
colina (f)	пагорб (ч)	['paɦorb]

glaciar (m)	льодовик (ч)	[lʲodo'wik]
queda (f) d'água	водоспад (ч)	[wodos'pad]
géiser (m)	гейзер (ч)	['ɦɛjzɛr]
lago (m)	озеро (c)	['ɔzɛro]

planície (f)	рівнина (ж)	[riw'nina]
paisagem (f)	краєвид (ч)	[kraɛ'wid]
eco (m)	луна (ж)	[lu'na]

alpinista (m)	альпініст (ч)	[alʲpiˈnist]
escalador (m)	скелелаз (ч)	[skɛlɛˈlaz]
conquistar (vt)	підкоряти	[pidkoˈrʲati]
subida, escalada (f)	підйом (ч)	[pidˈjɔm]

128. Nomes de montanhas

Alpes (m pl)	Альпи (мн)	[ˈalʲpi]
monte Branco (m)	Монблан (ч)	[monˈblan]
Pirineus (m pl)	Пiренеї (мн)	[pirɛˈnɛjі]
Cárpatos (m pl)	Карпати (мн)	[karˈpati]
montes (m pl) Urais	Уральські гори (мн)	[uˈralʲsʲki ˈɦɔri]
Cáucaso (m)	Кавказ (ч)	[kawˈkaz]
Elbrus (m)	Ельбрус (ч)	[ɛlʲbˈrus]
Altai (m)	Алтай (ч)	[alˈtaj]
Tian Shan (m)	Тянь-Шань (мн)	[tʲanʲ ˈʃanʲ]
Pamir (m)	Памір (ч)	[paˈmir]
Himalaias (m pl)	Гімалаї (мн)	[ɦimaˈlaji]
monte (m) Everest	Еверест (ч)	[ɛwɛˈrɛst]
Cordilheira (f) dos Andes	Анди (мн)	[ˈandi]
Kilimanjaro (m)	Кiлiманджаро (ж)	[kilimanˈdʒaro]

129. Rios

rio (m)	рiка (ж)	[ˈrika]
fonte, nascente (f)	джерело (с)	[dʒɛrɛˈlɔ]
leito (m) do rio	річище (с)	[ˈritʃiɕɛ]
bacia (f)	басейн (ч)	[baˈsɛjn]
desaguar no ...	впадати у...	[wpaˈdati u...]
afluente (m)	притока (ж)	[priˈtɔka]
margem (do rio)	берег (ч)	[ˈbɛrɛɦ]
corrente (f)	течія (ж)	[ˈtɛtʃiʲa]
rio abaixo	вниз за течією	[wniz za ˈtɛtʃiɛʲu]
rio acima	уверх за течією	[uˈwɛrh po ˈtɛtʃiɛʲu]
inundação (f)	повінь (ж)	[ˈpɔwinʲ]
cheia (f)	повінь (ж)	[ˈpɔwinʲ]
transbordar (vi)	розливатися	[rozliˈwatisʲa]
inundar (vt)	затоплювати	[zaˈtɔplʲuwati]
banco (m) de areia	мiлина (ж)	[miliˈna]
rápidos (m pl)	поріг (ч)	[poˈriɦ]
barragem (f)	гребля (ж)	[ˈɦrɛblʲa]
canal (m)	канал (ч)	[kaˈnal]
reservatório (m) de água	водосховище (с)	[wodoˈshowiɕɛ]
eclusa (f)	шлюз (ч)	[ʃlʲuz]

corpo (m) de água	водойма (ж)	[wo'dɔjma]
пântano (m)	болото (с)	[bo'lɔto]
tremedal (m)	трясовина (ж)	[trʲasowi'na]
remoinho (m)	вир (ч)	[wir]

arroio, regato (m)	струмок (ч)	[stru'mɔk]
potável	питний	['pitnij]
doce (água)	прісний	['prisnij]

| gelo (m) | лід (ч), крига (ж) | [lid], ['kriɦa] |
| congelar-se (vr) | замерзнути | [zaˈmɛrznuti] |

130. Nomes de rios

| rio Sena (m) | Сена (ж) | ['sɛna] |
| rio Loire (m) | Луара (ж) | [lu'ara] |

rio Tamisa (m)	Темза (ж)	['tɛmza]
rio Reno (m)	Рейн (ч)	[rɛjn]
rio Danúbio (m)	Дунай (ч)	[du'naj]

rio Volga (m)	Волга (ж)	['wɔlɦa]
rio Don (m)	Дон (ч)	[don]
rio Lena (m)	Лена (ж)	['lɛna]

rio Amarelo (m)	Хуанхе (ж)	[huan'hɛ]
rio Yangtzé (m)	Янцзи (ж)	[jants'zi]
rio Mekong (m)	Меконг (ч)	[mɛ'kɔnɦ]
rio Ganges (m)	Ганг (ч)	[ɦanɦ]

rio Nilo (m)	Ніл (ч)	[nil]
rio Congo (m)	Конго (ж)	['kɔnɦo]
rio Cubango (m)	Окаванго (ж)	[oka'wanɦo]
rio Zambeze (m)	Замбезі (ж)	[zam'bɛzi]
rio Limpopo (m)	Лімпопо (ж)	[limpo'pɔ]
rio Mississípi (m)	Міссісіпі (ж)	[misi'sipi]

131. Floresta

| floresta (f), bosque (m) | ліс (ч) | [lis] |
| florestal | лісовий | [liso'wij] |

mata (f) cerrada	хаща (ж)	['haɕa]
arvoredo (m)	гай (ч)	[ɦaj]
clareira (f)	галявина (ж)	[ɦa'lʲawina]

| matagal (m) | зарості (мн) | ['zarosti] |
| mato (m) | чагарник (ч) | [tʃa'ɦarnik] |

vereda (f)	стежина (ж)	[stɛ'ʒina]
ravina (f)	яр (ч)	[jar]
árvore (f)	дерево (с)	['dɛrɛwo]

folha (f)	**листок** (ч)	[lɨs'tɔk]
folhagem (f)	**листя** (с)	['lɨstʲa]
queda (f) das folhas	**листопад** (ч)	[lɨsto'pad]
cair (vi)	**опадати**	[opa'datɨ]
topo (m)	**верхівка** (ж)	[wɛr'hiwka]
ramo (m)	**гілка** (ж)	['ɦilka]
galho (m)	**сук** (ч)	[suk]
botão, rebento (m)	**брунька** (ж)	['brunʲka]
agulha (f)	**голка** (ж)	['ɦɔlka]
pinha (f)	**шишка** (ж)	['ʃɨʃka]
buraco (m) de árvore	**дупло** (с)	[dup'lɔ]
ninho (m)	**гніздо** (с)	[ɦniz'dɔ]
tronco (m)	**стовбур** (ч)	['stɔwbur]
raiz (f)	**корінь** (ч)	['kɔrinʲ]
casca (f) de árvore	**кора** (ж)	[ko'ra]
musgo (m)	**мох** (ч)	[moh]
arrancar pela raiz	**корчувати**	[kortʃu'watɨ]
cortar (vt)	**рубати**	[ru'batɨ]
desflorestar (vt)	**вирубувати ліс**	[wɨ'rubuwatɨ lis]
toco, cepo (m)	**пень** (ч)	[pɛnʲ]
fogueira (f)	**багаття** (с)	[ba'ɦattʲa]
incêndio (m) florestal	**лісова пожежа** (ж)	[liso'wa po'ʒɛʒa]
apagar (vt)	**тушити**	[tu'ʃitɨ]
guarda-florestal (m)	**лісник** (ч)	[lis'nɨk]
proteção (f)	**охорона** (ж)	[oho'rɔna]
proteger (a natureza)	**охороняти**	[ohoro'nʲatɨ]
caçador (m) furtivo	**браконьєр** (ч)	[brako'nʲɛr]
armadilha (f)	**капкан** (ч)	[kap'kan]
colher (cogumelos)	**збирати**	[zbɨ'ratɨ]
colher (bagas)	**збирати**	[zbɨ'ratɨ]
perder-se (vr)	**заблукати**	[zablu'katɨ]

132. Recursos naturais

recursos (m pl) naturais	**природні ресурси** (мн)	[prɨ'rɔdni rɛ'sursɨ]
minerais (m pl)	**корисні копалини** (мн)	['kɔrɨsni ko'palɨnɨ]
depósitos (m pl)	**поклади** (мн)	['pɔkladɨ]
jazida (f)	**родовище** (с)	[ro'dɔwɨɕɛ]
extrair (vt)	**добувати**	[dobu'watɨ]
extração (f)	**добування** (с)	[dobu'wanʲa]
minério (m)	**руда** (ж)	[ru'da]
mina (f)	**копальня** (ж)	[ko'palʲnʲa]
poço (m) de mina	**шахта** (ж)	['ʃahta]
mineiro (m)	**шахтар** (ч)	[ʃah'tar]
gás (m)	**газ** (ч)	[ɦaz]

gasoduto (m)	газопровід (ч)	[ɦazopro'wid]
petróleo (m)	нафта (ж)	['nafta]
oleoduto (m)	нафтопровід (ч)	[nafto'prɔwid]
poço (m) de petróleo	нафтова вишка (ж)	['naftowa 'wiʃka]
torre (f) petrolífera	свердлова вежа (ж)	[swɛrd'lɔwa 'wɛʒa]
petroleiro (m)	танкер (ч)	['tankɛr]
areia (f)	пісок (ч)	[pi'sɔk]
calcário (m)	вапняк (ч)	[wap'nʲak]
cascalho (m)	гравій (ч)	[ˈɦrawij]
turfa (f)	торф (ч)	[torf]
argila (f)	глина (ж)	['ɦlina]
carvão (m)	вугілля (с)	[wu'ɦilʲa]
ferro (m)	залізо (с)	[za'lizo]
ouro (m)	золото (с)	['zɔloto]
prata (f)	срібло (с)	['sriblo]
níquel (m)	нікель (ч)	['nikɛlʲ]
cobre (m)	мідь (ж)	[midʲ]
zinco (m)	цинк (ч)	['tsink]
manganês (m)	марганець (ч)	['marɦanɛts]
mercúrio (m)	ртуть (ж)	[rtutʲ]
chumbo (m)	свинець (ч)	[swi'nɛts]
mineral (m)	мінерал (ч)	[minɛ'ral]
cristal (m)	кристал (ч)	[kris'tal]
mármore (m)	мармур (ч)	['marmur]
urânio (m)	уран (ч)	[u'ran]

A Terra. Parte 2

133. Tempo

tempo (m)	погода (ж)	[po'ɦoda]
previsão (f) do tempo	прогноз (ч) погоди	[proɦ'nɔz po'ɦodi]
temperatura (f)	температура (ж)	[tɛmpɛra'tura]
termómetro (m)	термометр (ч)	[tɛr'mɔmɛtr]
barómetro (m)	барометр (ч)	[ba'rɔmɛtr]
húmido	вологий	[wo'lɔɦij]
humidade (f)	вологість (ж)	[woloɦistʲ]
calor (m)	спека (ж)	['spɛka]
cálido	гарячий	[ɦa'rʲatʃij]
está muito calor	спекотно	[spɛ'kɔtno]
está calor	тепло	['tɛplo]
quente	теплий	['tɛplʲij]
está frio	холодно	['hɔlodno]
frio	холодний	[ho'lɔdnij]
sol (m)	сонце (с)	['sɔntsɛ]
brilhar (vi)	світити	[swi'titi]
de sol, ensolarado	сонячний	['sɔnʲatʃnij]
nascer (vi)	зійти	[zij'ti]
pôr-se (vr)	сісти	['sisti]
nuvem (f)	хмара (ж)	['hmara]
nublado	хмарний	['hmarnij]
nuvem (f) preta	хмара (ж)	['hmara]
escuro, cinzento	похмурий	[poh'murij]
chuva (f)	дощ (ч)	[doɕ]
está a chover	йде дощ	[jdɛ doɕ]
chuvoso	дощовий	[doɕo'wij]
chuviscar (vi)	накрапати	[nakra'pati]
chuva (f) torrencial	проливний дощ (ч)	[proliw'nij doɕ]
chuvada (f)	злива (ж)	['zlʲiwa]
forte (chuva)	сильний	['silʲnij]
poça (f)	калюжа (ж)	[ka'lʲuʒa]
molhar-se (vr)	мокнути	['mɔknuti]
nevoeiro (m)	туман (ч)	[tu'man]
de nevoeiro	туманний	[tu'manij]
neve (f)	сніг (ч)	[sniɦ]
está a nevar	йде сніг	[jdɛ sniɦ]

134. Tempo extremo. Catástrofes naturais

trovoada (f)	**гроза** (ж)	[ɦro'za]
relâmpago (m)	**блискавка** (ж)	['blɨskawka]
relampejar (vi)	**блискати**	['blɨskatɨ]
trovão (m)	**грім** (ч)	[ɦrim]
trovejar (vi)	**гриміти**	[ɦrɨ'mitɨ]
está a trovejar	**гримить грім**	[ɦrɨ'mɨtʲ ɦrim]
granizo (m)	**град** (ч)	[ɦrad]
está a cair granizo	**йде град**	[jdɛ ɦrad]
inundar (vt)	**затопити**	[zato'pɨtɨ]
inundação (f)	**повінь** (ж)	['pɔwinʲ]
terremoto (m)	**землетрус** (ч)	[zɛmlɛt'rus]
abalo, tremor (m)	**поштовх** (ч)	['pɔʃtowh]
epicentro (m)	**епіцентр** (ч)	[ɛpi'ʦɛntr]
erupção (f)	**виверження** (с)	['wɨwɛrʒɛnʲa]
lava (f)	**лава** (ж)	['lawa]
turbilhão, tornado (m)	**смерч, торнадо** (ч)	[smɛrʧ], [tor'nado]
turbilhão (m)	**смерч** (ч)	[smɛrʧ]
tornado (m)	**торнадо** (ч)	[tor'nado]
tufão (m)	**тайфун** (ч)	[taj'fun]
furacão (m)	**ураган** (ч)	[uraɦan]
tempestade (f)	**буря** (ж)	['burʲa]
tsunami (m)	**цунамі** (с)	[ʦu'nami]
ciclone (m)	**циклон** (ч)	[ʦɨk'lɔn]
mau tempo (m)	**негода** (ж)	[nɛ'ɦɔda]
incêndio (m)	**пожежа** (ж)	[po'ʒɛʒa]
catástrofe (f)	**катастрофа** (ж)	[kata'strɔfa]
meteorito (m)	**метеорит** (ч)	[mɛtɛo'rɨt]
avalanche (f)	**лавина** (ж)	[la'wɨna]
deslizamento (m) de neve	**обвал** (ч)	[ob'wal]
nevasca (f)	**заметіль** (ж)	[zamɛ'tilʲ]
tempestade (f) de neve	**завірюха** (ж)	[zawi'rʲuha]

Fauna

135. Mamíferos. Predadores

predador (m)	**хижак** (ч)	[hɨ'ʒak]
tigre (m)	**тигр** (ч)	[tɨɦr]
leão (m)	**лев** (ч)	[lɛw]
lobo (m)	**вовк** (ч)	[wowk]
raposa (f)	**лисиця** (ж)	[lɨ'sɨʦʲa]
jaguar (m)	**ягуар** (ч)	[jaɦu'ar]
leopardo (m)	**леопард** (ч)	[lɛo'pard]
chita (f)	**гепард** (ч)	[ɦɛ'pard]
pantera (f)	**пантера** (ж)	[pan'tɛra]
puma (m)	**пума** (ж)	['puma]
leopardo-das-neves (m)	**сніговий барс** (ч)	[sniɦo'wɨj bars]
lince (m)	**рись** (ж)	[risʲ]
coiote (m)	**койот** (ч)	[ko'jɔt]
chacal (m)	**шакал** (ч)	[ʃa'kal]
hiena (f)	**гієна** (ж)	[ɦi'ɛna]

136. Animais selvagens

animal (m)	**тварина** (ж)	[twa'rɨna]
besta (f)	**звір** (ч)	[zwir]
esquilo (m)	**білка** (ж)	['bilka]
ouriço (m)	**їжак** (ч)	[ji'ʒak]
lebre (f)	**заєць** (ч)	['zaɛʦ]
coelho (m)	**кріль** (ч)	[krilʲ]
texugo (m)	**борсук** (ч)	[bor'suk]
guaxinim (m)	**єнот** (ч)	[ɛ'nɔt]
hamster (m)	**хом'як** (ч)	[ho'mʔjak]
marmota (f)	**бабак** (ч)	[ba'bak]
toupeira (f)	**кріт** (ч)	[krit]
rato (m)	**миша** (ж)	['mɨʃa]
ratazana (f)	**щур** (ч)	[ɕur]
morcego (m)	**кажан** (ч)	[ka'ʒan]
arminho (m)	**горностай** (ч)	[ɦorno'staj]
zibelina (f)	**соболь** (ч)	['sɔbolʲ]
marta (f)	**куниця** (ж)	[ku'nɨʦʲa]
doninha (f)	**ласка** (ж)	['laska]
vison (m)	**норка** (ж)	['nɔrka]

castor (m)	бобер (ч)	[bo'bɛr]
lontra (f)	видра (ж)	['widra]

cavalo (m)	кінь (ч)	[kinʲ]
alce (m)	лось (ч)	[losʲ]
veado (m)	олень (ч)	['ɔlɛnʲ]
camelo (m)	верблюд (ч)	[wɛr'blʲud]

bisão (m)	бізон (ч)	[bi'zɔn]
auroque (m)	зубр (ч)	[zubr]
búfalo (m)	буйвіл (ч)	['bujwil]

zebra (f)	зебра (ж)	['zɛbra]
antílope (m)	антилопа (ж)	[anti'lɔpa]
corça (f)	косуля (ж)	[ko'sulʲa]
gamo (m)	лань (ж)	[lanʲ]
camurça (f)	сарна (ж)	['sarna]
javali (m)	вепр (ч)	[wɛpr]

baleia (f)	кит (ч)	[kit]
foca (f)	тюлень (ч)	[tʲu'lɛnʲ]
morsa (f)	морж (ч)	[mɔrʒ]
urso-marinho (m)	котик (ч)	['kɔtik]
golfinho (m)	дельфін (ч)	[dɛlʲ'fin]

urso (m)	ведмідь (ч)	[wɛd'midʲ]
urso (m) branco	білий ведмідь (ч)	['bilij wɛd'midʲ]
panda (m)	панда (ж)	['panda]

macaco (em geral)	мавпа (ж)	['mawpa]
chimpanzé (m)	шимпанзе (ч)	[ʃimpan'zɛ]
orangotango (m)	орангутанг (ч)	[oranɦu'tanɦ]
gorila (m)	горила (ж)	[ɦo'rila]
macaco (m)	макака (ж)	[ma'kaka]
gibão (m)	гібон (ч)	[ɦi'bɔn]

elefante (m)	слон (ч)	[slon]
rinoceronte (m)	носоріг (ч)	[noso'riɦ]
girafa (f)	жирафа (ж)	[ʒirafa]
hipopótamo (m)	бегемот (ч)	[bɛɦɛ'mɔt]

canguru (m)	кенгуру (ч)	[kɛnɦu'ru]
coala (m)	коала (ч)	[ko'ala]

mangusto (m)	мангуст (ч)	[ma'nɦust]
chinchila (m)	шиншила (ж)	[ʃin'ʃila]
doninha-fedorenta (f)	скунс (ч)	[skuns]
porco-espinho (m)	дикобраз (ч)	[diko'braz]

137. Animais domésticos

gata (f)	кішка (ж)	['kiʃka]
gato (m) macho	кіт (ч)	[kit]
cão (m)	собака, пес (ч)	[so'baka], [pɛs]

cavalo (m)	кінь (ч)	[kinʲ]
garanhão (m)	жеребець (ч)	[ʒɛrɛˈbɛts]
égua (f)	кобила (ж)	[koˈbɨla]
vaca (f)	корова (ж)	[koˈrɔwa]
touro (m)	бик (ч)	[bɨk]
boi (m)	віл (ч)	[wil]
ovelha (f)	вівця (ж)	[wiwˈtsʲa]
carneiro (m)	баран (ч)	[baˈran]
cabra (f)	коза (ж)	[koˈza]
bode (m)	козел (ч)	[koˈzɛl]
burro (m)	осел (ч)	[oˈsɛl]
mula (f)	мул (ч)	[mul]
porco (m)	свиня (ж)	[swiˈnʲa]
leitão (m)	порося (с)	[poroˈsʲa]
coelho (m)	кріль (ч)	[krilʲ]
galinha (f)	курка (ж)	[ˈkurka]
galo (m)	півень (ч)	[ˈpiwɛnʲ]
pata (f)	качка (ж)	[ˈkatʃka]
pato (macho)	качур (ч)	[ˈkatʃur]
ganso (m)	гусак (ч)	[ɦuˈsak]
peru (m)	індик (ч)	[inˈdik]
perua (f)	індичка (ж)	[inˈditʃka]
animais (m pl) domésticos	домашні тварини (мн)	[doˈmaʃni twaˈrini]
domesticado	ручний	[rutʃˈnij]
domesticar (vt)	приручати	[priruˈtʃati]
criar (vt)	вирощувати	[wiˈrɔɕuwati]
quinta (f)	ферма (ж)	[ˈfɛrma]
aves (f pl) domésticas	свійські птахи (мн)	[ˈswijsʲki ptaˈhi]
gado (m)	худоба (ж)	[huˈdɔba]
rebanho (m), manada (f)	стадо (с)	[ˈstado]
estábulo (m)	конюшня (ж)	[koˈnʲuʃnʲa]
pocilga (f)	свинарник (ч)	[swiˈnarnik]
estábulo (m)	корівник (ч)	[koˈriwnik]
coelheira (f)	крільчатник (ч)	[krilʲˈtʃatnik]
galinheiro (m)	курник (ч)	[kurˈnik]

138. Pássaros

pássaro (m), ave (f)	птах (ч)	[ptah]
pombo (m)	голуб (ч)	[ˈɦɔlub]
pardal (m)	горобець (ч)	[ɦoroˈbɛts]
chapim-real (m)	синиця (ж)	[sɨˈnitsʲa]
pega-rabuda (f)	сорока (ж)	[soˈrɔka]
corvo (m)	ворон (ч)	[ˈwɔron]

gralha (f) cinzenta	ворона (ж)	[wo'rɔna]
gralha-de-nuca-cinzenta (f)	галка (ж)	['ɦalka]
gralha-calva (f)	грак (ч)	[ɦrak]
pato (m)	качка (ж)	['katʃka]
ganso (m)	гусак (ч)	[ɦu'sak]
faisão (m)	фазан (ч)	[fa'zan]
águia (f)	орел (ч)	[o'rɛl]
açor (m)	яструб (ч)	['ʲastrub]
falcão (m)	сокіл (ч)	['sɔkil]
abutre (m)	гриф (ч)	[ɦrif]
condor (m)	кондор (ч)	['kɔndor]
cisne (m)	лебідь (ч)	['lɛbidʲ]
grou (m)	журавель (ч)	[ʒura'wɛlʲ]
cegonha (f)	чорногуз (ч)	[tʃorno'ɦuz]
papagaio (m)	папуга (ч)	[pa'puɦa]
beija-flor (m)	колібрі (ч)	[ko'libri]
pavão (m)	пава (ж)	['pawa]
avestruz (m)	страус (ч)	['straus]
garça (f)	чапля (ж)	['tʃaplʲa]
flamingo (m)	фламінго (с)	[fla'minɦo]
pelicano (m)	пелікан (ч)	[pɛli'kan]
rouxinol (m)	соловей (ч)	[solo'wɛj]
andorinha (f)	ластівка (ж)	['lastiwka]
tordo-zornal (m)	дрізд (ч)	[drizd]
tordo-músico (m)	співучий дрізд (ч)	[spi'wutʃij 'drizd]
melro-preto (m)	чорний дрізд (ч)	['tʃornij 'drizd]
andorinhão (m)	стриж (ч)	['striʒ]
cotovia (f)	жайворонок (ч)	['ʒajworonok]
codorna (f)	перепел (ч)	['pɛrɛpɛl]
pica-pau (m)	дятел (ч)	['dʲatɛl]
cuco (m)	зозуля (ж)	[zo'zulʲa]
coruja (f)	сова (ж)	[so'wa]
corujão, bufo (m)	пугач (ч)	[pu'ɦatʃ]
tetraz-grande (m)	глухар (ч)	[ɦlu'har]
tetraz-lira (m)	тетерук (ч)	[tɛtɛ'ruk]
perdiz-cinzenta (f)	куріпка (ж)	[ku'ripka]
estorninho (m)	шпак (ч)	[ʃpak]
canário (m)	канарка (ж)	[ka'narka]
galinha-do-mato (f)	рябчик (ч)	['rʲabtʃik]
tentilhão (m)	зяблик (ч)	['zʲablik]
dom-fafe (m)	снігур (ч)	[sni'ɦur]
gaivota (f)	чайка (ж)	['tʃajka]
albatroz (m)	альбатрос (ч)	[alʲbat'rɔs]
pinguim (m)	пінгвін (ч)	[pinɦ'win]

139. Peixes. Animais marinhos

brema (f)	**лящ** (ч)	[lʲaɕ]
carpa (f)	**короп** (ч)	['kɔrop]
perca (f)	**окунь** (ч)	['ɔkunʲ]
siluro (m)	**сом** (ч)	[som]
lúcio (m)	**щука** (ж)	['ɕuka]
salmão (m)	**лосось** (ч)	[lo'sɔsʲ]
esturjão (m)	**осетер** (ч)	[osɛ'tɛr]
arenque (m)	**оселедець** (ч)	[osɛ'lɛdɛʦ]
salmão (m)	**сьомга** (ж)	['sʲomɦa]
cavala, sarda (f)	**скумбрія** (ж)	['skumbriʲa]
solha (f)	**камбала** (ж)	[kamba'la]
lúcio perca (m)	**судак** (ч)	[su'dak]
bacalhau (m)	**тріска** (ж)	[tris'ka]
atum (m)	**тунець** (ч)	[tu'nɛʦ]
truta (f)	**форель** (ж)	[fo'rɛlʲ]
enguia (f)	**вугор** (ч)	[wu'ɦɔr]
raia elétrica (f)	**електричний скат** (ч)	[ɛlɛkt'riʧnɨj skat]
moreia (f)	**мурена** (ж)	[mu'rɛna]
piranha (f)	**піранья** (ж)	[pi'ranʲa]
tubarão (m)	**акула** (ж)	[a'kula]
golfinho (m)	**дельфін** (ч)	[dɛlʲ'fin]
baleia (f)	**кит** (ч)	[kɨt]
caranguejo (m)	**краб** (ч)	[krab]
medusa, alforreca (f)	**медуза** (ж)	[mɛ'duza]
polvo (m)	**восьминіг** (ч)	[wosʲmɨ'niɦ]
estrela-do-mar (f)	**морська зірка** (ж)	[morsʲ'ka 'zirka]
ouriço-do-mar (m)	**морський їжак** (ч)	[morsʲ'kɨj ji'ʒak]
cavalo-marinho (m)	**морський коник** (ч)	[morsʲ'kɨj 'kɔnɨk]
ostra (f)	**устриця** (ж)	['ustrɨʦʲa]
camarão (m)	**креветка** (ж)	[krɛ'wɛtka]
lavagante (m)	**омар** (ч)	[o'mar]
lagosta (f)	**лангуст** (ч)	[lan'ɦust]

140. Amfíbios. Répteis

serpente, cobra (f)	**змія** (ж)	[zmi'ʲa]
venenoso	**отруйний**	[ot'rujnɨj]
víbora (f)	**гадюка** (ж)	[ɦa'dʲuka]
cobra-capelo, naja (f)	**кобра** (ж)	['kɔbra]
pitão (m)	**пітон** (ч)	[pi'tɔn]
jiboia (f)	**удав** (ч)	[u'daw]
cobra-de-água (f)	**вуж** (ч)	[wuʒ]

cascavel (f)	**гримуча змія** (ж)	[ɦrɨ'mutʃa zmi'ʲa]
anaconda (f)	**анаконда** (ж)	[ana'kɔnda]
lagarto (m)	**ящірка** (ж)	['ʲaɕirka]
iguana (f)	**ігуана** (ж)	[iɦu'ana]
varano (m)	**варан** (ч)	[wa'ran]
salamandra (f)	**саламандра** (ж)	[sala'mandra]
camaleão (m)	**хамелеон** (ч)	[hamɛlɛ'ɔn]
escorpião (m)	**скорпіон** (ч)	[skorpi'ɔn]
tartaruga (f)	**черепаха** (ж)	[tʃɛrɛ'paha]
rã (f)	**жаба** (ж)	['ʒaba]
sapo (m)	**ропуха** (ж)	[ro'puha]
crocodilo (m)	**крокодил** (ч)	[kroko'dɨl]

141. Insetos

inseto (m)	**комаха** (ж)	[ko'maha]
borboleta (f)	**метелик** (ч)	[mɛ'tɛlɨk]
formiga (f)	**мураха** (ж)	[mu'raha]
mosca (f)	**муха** (ж)	['muha]
mosquito (m)	**комар** (ч)	[ko'mar]
escaravelho (m)	**жук** (ч)	[ʒuk]
vespa (f)	**оса** (ж)	[o'sa]
abelha (f)	**бджола** (ж)	[bdʒo'la]
mamangava (f)	**джміль** (ч)	[dʒmilʲ]
moscardo (m)	**овід** (ч)	['ɔwid]
aranha (f)	**павук** (ч)	[pa'wuk]
teia (f) de aranha	**павутиння** (с)	[pawu'tɨnʲa]
libélula (f)	**бабка** (ж)	['babka]
gafanhoto-do-campo (m)	**коник** (ч)	['kɔnɨk]
traça (f)	**метелик** (ч)	[mɛ'tɛlɨk]
barata (f)	**тарган** (ч)	[tar'ɦan]
carraça (f)	**кліщ** (ч)	[kliɕ]
pulga (f)	**блоха** (ж)	['blɔha]
borrachudo (m)	**мошка** (ж)	['mɔʃka]
gafanhoto (m)	**сарана** (ж)	[sara'na]
caracol (m)	**равлик** (ч)	['rawlɨk]
grilo (m)	**цвіркун** (ч)	[tswir'kun]
pirilampo (m)	**світлячок** (ч)	[switlʲa'tʃɔk]
joaninha (f)	**сонечко** (с)	['sɔnɛtʃko]
besouro (m)	**хрущ** (ч)	[hruɕ]
sanguessuga (f)	**п'явка** (ж)	['pʔʲawka]
lagarta (f)	**гусениця** (ж)	['ɦusɛnɨtsʲa]
minhoca (f)	**черв'як** (ч)	[tʃɛr'wʔʲak]
larva (f)	**личинка** (ж)	[lɨ'tʃɨnka]

Flora

142. Árvores

árvore (f)	дерево (с)	['dɛrɛwo]
decídua	листяне	[lʲistʲa'nɛ]
conífera	хвойне	['hwɔjnɛ]
perene	вічнозелене	[witʃnozɛ'lɛnɛ]
macieira (f)	яблуня (ж)	['ʲablunʲa]
pereira (f)	груша (ж)	['ɦruʃa]
cerejeira (f)	черешня (ж)	[ʧɛ'rɛʃnʲa]
ginjeira (f)	вишня (ж)	['wiʃnʲa]
ameixeira (f)	слива (ж)	['sliwa]
bétula (f)	береза (ж)	[bɛ'rɛza]
carvalho (m)	дуб (ч)	[dub]
tília (f)	липа (ж)	['lipa]
choupo-tremedor (m)	осика (ж)	[o'sika]
bordo (m)	клен (ч)	[klɛn]
espruce-europeu (m)	ялина (ж)	[ja'lina]
pinheiro (m)	сосна (ж)	[sos'na]
alerce, lariço (m)	модрина (ж)	[mod'rina]
abeto (m)	ялиця (ж)	[ja'litsʲa]
cedro (m)	кедр (ч)	[kɛdr]
choupo, álamo (m)	тополя (ж)	[to'polʲa]
tramazeira (f)	горобина (ж)	[ɦoro'bina]
salgueiro (m)	верба (ж)	[wɛr'ba]
amieiro (m)	вільха (ж)	['wilʲha]
faia (f)	бук (ч)	[buk]
ulmeiro (m)	в'яз (ч)	[wʲaz]
freixo (m)	ясен (ч)	['ʲasɛn]
castanheiro (m)	каштан (ч)	[kaʃ'tan]
magnólia (f)	магнолія (ж)	[maɦ'nɔliʲa]
palmeira (f)	пальма (ж)	['palʲma]
cipreste (m)	кипарис (ч)	[kipa'ris]
mangue (m)	мангрове дерево (с)	['manɦrowɛ 'dɛrɛwo]
embondeiro, baobá (m)	баобаб (ч)	[bao'bab]
eucalipto (m)	евкаліпт (ч)	[ɛwka'lipt]
sequoia (f)	секвоя (ж)	[sɛk'wɔʲa]

143. Arbustos

arbusto (m)	кущ (ч)	[kuɕ]
arbusto (m), moita (f)	чагарник (ч)	[ʧaɦar'nik]

| videira (f) | виноград (ч) | [wino'ɦrad] |
| vinhedo (m) | виноградник (ч) | [wɨno'ɦradnik] |

framboeseira (f)	малина (ж)	[ma'lina]
groselheira-preta (f)	чорна смородина (ж)	['ʧɔrna smo'rɔdina]
groselheira-vermelha (f)	порічки (мн)	[po'riʧki]
groselheira (f) espinhosa	аґрус (ч)	['agrus]

acácia (f)	акація (ж)	[a'katsiʲa]
bérberis (f)	барбарис (ч)	[barba'ris]
jasmim (m)	жасмин (ч)	[ʒas'min]

junípero (m)	ялівець (ч)	[jali'wɛʦ]
roseira (f)	трояндовий кущ (ч)	[trɔʲandowij kuɕ]
roseira (f) brava	шипшина (ж)	[ʃip'ʃina]

144. Frutos. Bagas

fruta (f)	фрукт, плід (ч)	[frukt], [plid]
frutas (f pl)	фрукти, плоди (мн)	[frukti], [plo'di]
maçã (f)	яблуко (с)	['ʲabluko]
pera (f)	груша (ж)	['ɦruʃa]
ameixa (f)	слива (ж)	['sliwa]

morango (m)	полуниця (ж)	[polu'niʦʲa]
ginja (f)	вишня (ж)	['wiʃnʲa]
cereja (f)	черешня (ж)	[ʧɛ'rɛʃnʲa]
uva (f)	виноград (ч)	[wino'ɦrad]

framboesa (f)	малина (ж)	[ma'lina]
groselha (f) preta	чорна смородина (ж)	['ʧɔrna smo'rɔdina]
groselha (f) vermelha	порічки (мн)	[po'riʧki]
groselha (f) espinhosa	аґрус (ч)	['agrus]
oxicoco (m)	журавлина (ж)	[ʒuraw'lina]

laranja (f)	апельсин (ч)	[apɛlʲ'sin]
tangerina (f)	мандарин (ч)	[manda'rin]
ananás (m)	ананас (ч)	[ana'nas]

| banana (f) | банан (ч) | [ba'nan] |
| tâmara (f) | фінік (ч) | ['finik] |

limão (m)	лимон (ч)	[li'mɔn]
damasco (m)	абрикос (ч)	[abri'kɔs]
pêssego (m)	персик (ч)	['pɛrsik]

| kiwi (m) | ківі (ч) | ['kiwi] |
| toranja (f) | грейпфрут (ч) | [ɦrɛjp'frut] |

baga (f)	ягода (ж)	['ʲaɦoda]
bagas (f pl)	ягоди (мн)	['ʲaɦodi]
arando (m) vermelho	брусниця (ж)	[brus'niʦʲa]
morango-silvestre (m)	суниця (ж)	[su'niʦʲa]
mirtilo (m)	чорниця (ж)	[ʧor'niʦʲa]

145. Flores. Plantas

flor (f)	квітка (ж)	['kwitka]
ramo (m) de flores	букет (ч)	[bu'kɛt]
rosa (f)	троянда (ж)	[tro'ʲanda]
tulipa (f)	тюльпан (ч)	[tʲulʲ'pan]
cravo (m)	гвоздика (ж)	[ɦwoz'dika]
gladíolo (m)	гладіолус (ч)	[ɦladi'ɔlus]
centáurea (f)	волошка (ж)	[wo'lɔʃka]
campânula (f)	дзвіночок (ч)	[dzwi'nɔtʃok]
dente-de-leão (m)	кульбаба (ж)	[kulʲ'baba]
camomila (f)	ромашка (ж)	[ro'maʃka]
aloé (m)	алое (с)	[a'lɔɛ]
cato (m)	кактус (ч)	['kaktus]
fícus (m)	фікус (ч)	['fikus]
lírio (m)	лілея (ж)	[li'lɛʲa]
gerânio (m)	герань (ж)	[ɦɛ'ranʲ]
jacinto (m)	гіацинт (ч)	[ɦia'tsint]
mimosa (f)	мімоза (ж)	[mi'mɔza]
narciso (m)	нарцис (ч)	[nar'tsis]
capuchinha (f)	настурція (ж)	[nas'turtsiʲa]
orquídea (f)	орхідея (ж)	[orhi'dɛʲa]
peónia (f)	півонія (ж)	[pi'wɔniʲa]
violeta (f)	фіалка (ж)	[fi'alka]
amor-perfeito (m)	братки (мн)	[brat'ki]
não-me-esqueças (m)	незабудка (ж)	[nɛza'budka]
margarida (f)	стокротки (мн)	[stok'rɔtki]
papoula (f)	мак (ч)	[mak]
cânhamo (m)	коноплі (мн)	[ko'nɔpli]
hortelã (f)	м'ята (ж)	['mʲata]
lírio-do-vale (m)	конвалія (ж)	[kon'waliʲa]
campânula-branca (f)	пролісок (ч)	['prɔlisok]
urtiga (f)	кропива (ж)	[kropi'wa]
azeda (f)	щавель (ч)	[ɕa'wɛlʲ]
nenúfar (m)	латаття (с)	[la'tattʲa]
feto (m), samambaia (f)	папороть (ж)	['paporotʲ]
líquen (m)	лишайник (ч)	[lʲi'ʃajnik]
estufa (f)	оранжерея (ж)	[oranʒɛ'rɛʲa]
relvado (m)	газон (ч)	[ɦa'zɔn]
canteiro (m) de flores	клумба (ж)	['klumba]
planta (f)	рослина (ж)	[ros'lina]
erva (f)	трава (ж)	[tra'wa]
folha (f) de erva	травинка (ж)	[tra'winka]

folha (f)	листок (ч)	[lis'tɔk]
pétala (f)	пелюстка (ж)	[pɛ'lʲustka]
talo (m)	стебло (c)	[stɛb'lɔ]
tubérculo (m)	бульба (ж)	['bulʲba]

| broto, rebento (m) | паросток (ч) | ['parostok] |
| espinho (m) | колючка (ж) | [ko'lʲutʃka] |

florescer (vi)	цвісти	[tswis'ti]
murchar (vi)	в'янути	['wʲanuti]
cheiro (m)	запах (ч)	['zapah]
cortar (flores)	зрізати	['zrizati]
colher (uma flor)	зірвати	[zir'wati]

146. Cereais, grãos

grão (m)	зерно (c)	[zɛr'nɔ]
cereais (plantas)	зернові рослини (мн)	[zɛrno'wi ros'lini]
espiga (f)	колос (ч)	['kɔlos]

trigo (m)	пшениця (ж)	[pʃɛ'nitsʲa]
centeio (m)	жито (c)	['ʒito]
aveia (f)	овес (ч)	[o'wɛs]
milho-miúdo (m)	просо (c)	['prɔso]
cevada (f)	ячмінь (ч)	[jatʃ'minʲ]

milho (m)	кукурудза (ж)	[kuku'rudza]
arroz (m)	рис (ч)	[ris]
trigo-sarraceno (m)	гречка (ж)	['ɦrɛtʃka]

ervilha (f)	горох (ч)	[ɦo'rɔh]
feijão (m)	квасоля (ж)	[kwa'sɔlʲa]
soja (f)	соя (ж)	['sɔʲa]
lentilha (f)	сочевиця (ж)	[sotʃɛ'witsʲa]
fava (f)	боби (мн)	[bo'bi]

PAÍSES. NACIONALIDADES

147. Europa Ocidental

Europa (f)	**Європа** (ж)	[ɛw'rɔpa]
União (f) Europeia	**Європейський Союз** (ч)	[ɛwro'pɛjsʲkɨj so'ʲuz]
Áustria (f)	**Австрія** (ж)	['awstriʲa]
Grã-Bretanha (f)	**Велика Британія** (ж)	[wɛ'lɨka brɨ'taniʲa]
Inglaterra (f)	**Англія** (ж)	['anɦliʲa]
Bélgica (f)	**Бельгія** (ж)	['bɛlʲɦiʲa]
Alemanha (f)	**Німеччина** (ж)	[ni'mɛʧɨna]
Países (m pl) Baixos	**Нідерланди** (ж)	[nidɛr'landɨ]
Holanda (f)	**Нідерланди** (мн)	[nidɛr'landɨ]
Grécia (f)	**Греція** (ж)	['ɦrɛʦiʲa]
Dinamarca (f)	**Данія** (ж)	['daniʲa]
Irlanda (f)	**Ірландія** (ж)	[ir'landiʲa]
Islândia (f)	**Ісландія** (ж)	[is'landiʲa]
Espanha (f)	**Іспанія** (ж)	[ispaniʲa]
Itália (f)	**Італія** (ж)	[i'taliʲa]
Chipre (m)	**Кіпр** (ч)	[kipr]
Malta (f)	**Мальта** (ж)	['malʲta]
Noruega (f)	**Норвегія** (ж)	[nor'wɛɦiʲa]
Portugal (m)	**Португалія** (ж)	[portu'ɦaliʲa]
Finlândia (f)	**Фінляндія** (ж)	[fin'lʲandiʲa]
França (f)	**Франція** (ж)	['franʦiʲa]
Suécia (f)	**Швеція** (ж)	['ʃwɛʦiʲa]
Suíça (f)	**Швейцарія** (ж)	[ʃwɛj'ʦariʲa]
Escócia (f)	**Шотландія** (ж)	[ʃot'landiʲa]
Vaticano (m)	**Ватикан** (ч)	[watɨ'kan]
Liechtenstein (m)	**Ліхтенштейн** (ч)	[lihtɛn'ʃtɛjn]
Luxemburgo (m)	**Люксембург** (ч)	[lʲuksɛm'burɦ]
Mónaco (m)	**Монако** (ж)	[mo'nako]

148. Europa Central e de Leste

Albânia (f)	**Албанія** (ж)	[al'baniʲa]
Bulgária (f)	**Болгарія** (ж)	[bol'ɦariʲa]
Hungria (f)	**Угорщина** (ж)	[u'ɦɔrɕɨna]
Letónia (f)	**Латвія** (ж)	['latwiʲa]
Lituânia (f)	**Литва** (ж)	[lɨt'wa]
Polónia (f)	**Польща** (ж)	['pɔlʲɕa]

Roménia (f)	Румунія (ж)	[ru'muniʲa]
Sérvia (f)	Сербія (ж)	['sɛrbiʲa]
Eslováquia (f)	Словаччина (ж)	[slo'watʃina]
Croácia (f)	Хорватія (ж)	[hor'watiʲa]
República (f) Checa	Чехія (ж)	['ʧɛhiʲa]
Estónia (f)	Естонія (ж)	[ɛs'toniʲa]
Bósnia e Herzegovina (f)	Боснія і Герцеговина (ж)	['bɔsniʲa i ɦɛrtsɛɦo'wina]
Macedónia (f)	Македонія (ж)	[makɛ'dɔniʲa]
Eslovénia (f)	Словенія (ж)	[slo'wɛniʲa]
Montenegro (m)	Чорногорія (ж)	[ʧorno'ɦoriʲa]

149. Países da ex-URSS

Azerbaijão (m)	Азербайджан (ч)	[azɛrbaj'dʒan]
Arménia (f)	Вірменія (ж)	[wir'mɛniʲa]
Bielorrússia (f)	Білорусь (ж)	[bilo'rusʲ]
Geórgia (f)	Грузія (ж)	['ɦruziʲa]
Cazaquistão (m)	Казахстан (ч)	[kazah'stan]
Quirguistão (m)	Киргизстан (ч)	[kirɦiz'stan]
Moldávia (f)	Молдова (ж)	[mol'dɔwa]
Rússia (f)	Росія (ж)	[ro'siʲa]
Ucrânia (f)	Україна (ж)	[ukra'jina]
Tajiquistão (m)	Таджикистан (ч)	[tadʒiki'stan]
Turquemenistão (m)	Туркменістан (ч)	[turkmɛni'stan]
Uzbequistão (f)	Узбекистан (ч)	[uzbɛki'stan]

150. Ásia

Ásia (f)	Азія (ж)	['aziʲa]
Vietname (m)	В'єтнам (ч)	[wʲɛt'nam]
Índia (f)	Індія (ж)	['indiʲa]
Israel (m)	Ізраїль (ч)	[iz'rajilʲ]
China (f)	Китай (ч)	[ki'taj]
Líbano (m)	Ліван (ч)	[li'wan]
Mongólia (f)	Монголія (ж)	[mon'ɦoliʲa]
Malásia (f)	Малайзія (ж)	[ma'lajziʲa]
Paquistão (m)	Пакистан (ч)	[paki'stan]
Arábia (f) Saudita	Саудівська Аравія (ж)	[sa'udiwsʲka a'rawiʲa]
Tailândia (f)	Таїланд (ч)	[taji'land]
Taiwan (m)	Тайвань (ч)	[taj'wanʲ]
Turquia (f)	Туреччина (ж)	[tu'rɛtʃina]
Japão (m)	Японія (ж)	[ja'pɔniʲa]
Afeganistão (m)	Афганістан (ч)	[afɦani'stan]
Bangladesh (m)	Бангладеш (ч)	[banɦla'dɛʃ]

Indonésia (f)	**Індонезія** (ж)	[indo'nɛzi^ja]
Jordânia (f)	**Йорданія** (ж)	[^jor'dani^ja]
Iraque (m)	**Ірак** (ч)	[i'rak]
Irão (m)	**Іран** (ч)	[i'ran]
Camboja (f)	**Камбоджа** (ж)	[kam'bɔdʒa]
Kuwait (m)	**Кувейт** (ч)	[ku'wɛjt]
Laos (m)	**Лаос** (ч)	[la'ɔs]
Myanmar (m), Birmânia (f)	**М'янма** (ж)	['m^?^janma]
Nepal (m)	**Непал** (ч)	[nɛ'pal]
Emirados Árabes Unidos	**Об'єднані Арабські емірати** (мн)	[o'b^?ɛdnani a'rabs^jki ɛmi'ratɨ]
Síria (f)	**Сирія** (ж)	['sɨri^ja]
Palestina (f)	**Палестина** (ж)	[palɛ'stɨna]
Coreia do Sul (f)	**Південна Корея** (ж)	[piw'dɛna ko'rɛ^ja]
Coreia do Norte (f)	**Північна Корея** (ж)	[piw'nitʃna ko'rɛ^ja]

151. América do Norte

Estados Unidos da América	**Сполучені Штати Америки** (мн)	[spo'lutʃɛni 'ʃtatɨ a'mɛrɨkɨ]
Canadá (m)	**Канада** (ж)	[ka'nada]
México (m)	**Мексика** (ж)	['mɛksɨka]

152. América Central do Sul

Argentina (f)	**Аргентина** (ж)	[arɦɛn'tɨna]
Brasil (m)	**Бразилія** (ж)	[bra'zɨli^ja]
Colômbia (f)	**Колумбія** (ж)	[ko'lumbi^ja]
Cuba (f)	**Куба** (ж)	['kuba]
Chile (m)	**Чилі** (ж)	['tʃɨli]
Bolívia (f)	**Болівія** (ж)	[bo'liwi^ja]
Venezuela (f)	**Венесуела** (ж)	[wɛnɛsu'ɛla]
Paraguai (m)	**Парагвай** (ч)	[paraɦ'waj]
Peru (m)	**Перу** (ж)	[pɛ'ru]
Suriname (m)	**Суринам** (ч)	[surɨ'nam]
Uruguai (m)	**Уругвай** (ч)	[uruɦ'waj]
Equador (m)	**Еквадор** (ч)	[ɛkwa'dɔr]
Bahamas (f pl)	**Багамські острови** (мн)	[ba'ɦams^jki ostro'wɨ]
Haiti (m)	**Гаїті** (ч)	[ɦa'jiti]
República (f) Dominicana	**Домініканська республіка** (ж)	[domini'kans^jka rɛs'publika]
Panamá (m)	**Панама** (ж)	[pa'nama]
Jamaica (f)	**Ямайка** (ж)	[ja'majka]

153. Africa

Egito (m)	Єгипет (ч)	[ɛˈhipɛt]
Marrocos	Марокко (ж)	[maˈrɔkko]
Tunísia (f)	Туніс (ч)	[tuˈnis]
Gana (f)	Гана (ж)	[ˈhana]
Zanzibar (m)	Занзібар (ч)	[zanziˈbar]
Quénia (f)	Кенія (ж)	[ˈkɛniʲa]
Líbia (f)	Лівія (ж)	[ˈliwiʲa]
Madagáscar (m)	Мадагаскар (ч)	[madaɦaˈskar]
Namíbia (f)	Намібія (ж)	[naˈmibiʲa]
Senegal (m)	Сенегал (ч)	[sɛnɛˈɦal]
Tanzânia (f)	Танзанія (ж)	[tanˈzaniʲa]
África do Sul (f)	Південно-Африканська Республіка (ж)	[piwˈdɛno afriˈkansʲka rɛsˈpublika]

154. Austrália. Oceania

Austrália (f)	Австралія (ж)	[awˈstraliʲa]
Nova Zelândia (f)	Нова Зеландія (ж)	[noˈwa zɛˈlandiʲa]
Tasmânia (f)	Тасманія (ж)	[tasˈmaniʲa]
Polinésia Francesa (f)	Французька Полінезія (ж)	[franˈtsuzʲka poliˈnɛziʲa]

155. Cidades

Amesterdão	Амстердам (ч)	[amstɛrˈdam]
Ancara	Анкара (ж)	[ankaˈra]
Atenas	Афіни (мн)	[aˈfini]
Bagdade	Багдад (ч)	[baɦˈdad]
Banguecoque	Бангкок (ч)	[banɦˈkɔk]
Barcelona	Барселона (ж)	[barsɛˈlɔna]
Beirute	Бейрут (ч)	[ˈbɛjrut]
Berlim	Берлін (ч)	[bɛrˈlin]
Bombaim	Бомбей (ч)	[bomˈbɛj]
Bona	Бонн (ч)	[bon]
Bordéus	Бордо (с)	[borˈdɔ]
Bratislava	Братислава (ж)	[bratiˈslawa]
Bruxelas	Брюссель (ч)	[brʲuˈsɛlʲ]
Bucareste	Бухарест (ч)	[buɦaˈrɛst]
Budapeste	Будапешт (ч)	[budaˈpɛʃt]
Cairo	Каїр (ч)	[kaˈjir]
Calcutá	Калькутта (ж)	[kalʲˈkutta]
Chicago	Чикаго (с)	[tʃiˈkaɦo]
Cidade do México	Мехіко (с)	[ˈmɛhiko]
Copenhaga	Копенгаген (ч)	[kopɛnˈɦaɦɛn]

Dar es Salaam	**Дар-ес-Салам** (ч)	[dar ɛs sa'lam]
Deli	**Делі** (с)	['dɛli]
Dubai	**Дубаї** (мн)	[du'bajɨ]
Dublin, Dublim	**Дублін** (ч)	['dublin]
Düsseldorf	**Дюссельдорф** (ч)	[dʲusɛlʲ'dɔrf]
Estocolmo	**Стокгольм** (ч)	[stok'ɦɔlʲm]
Florença	**Флоренція** (ж)	[flo'rɛntsʲa]
Frankfurt	**Франкфурт** (ч)	['frankfurt]
Genebra	**Женева** (ж)	[ʒɛ'nɛwa]
Haia	**Гаага** (ж)	[ɦa'aɦa]
Hamburgo	**Гамбург** (ч)	['ɦamburɦ]
Hanói	**Ханой** (ч)	[ha'nɔj]
Havana	**Гавана** (ж)	[ɦa'wana]
Helsínquia	**Гельсінкі** (с)	['ɦɛlʲsinki]
Hiroshima	**Хіросіма** (ж)	[hiro'sima]
Hong Kong	**Гонконг** (ч)	[ɦon'kɔnɦ]
Istambul	**Стамбул** (ч)	[stam'bul]
Jerusalém	**Єрусалим** (ч)	[ɛrusa'lɨm]
Kiev	**Київ** (ч)	[kɨ'jɨw]
Kuala Lumpur	**Куала-Лумпур** (ч)	[ku'ala lum'pur]
Lisboa	**Лісабон** (ч)	[lisa'bɔn]
Londres	**Лондон** (ч)	['lɔndon]
Los Angeles	**Лос-Анджелес** (ч)	[los 'anʤɛlɛs]
Lion	**Ліон** (ч)	[li'ɔn]
Madrid	**Мадрид** (ч)	[mad'rɨd]
Marselha	**Марсель** (ч)	[mar'sɛlʲ]
Miami	**Маямі** (с)	[ma'ʲami]
Montreal	**Монреаль** (ч)	[monrɛ'alʲ]
Moscovo	**Москва** (ж)	[mosk'wa]
Munique	**Мюнхен** (ч)	['mʲunhɛn]
Nairóbi	**Найробі** (с)	[naj'rɔbi]
Nápoles	**Неаполь** (ч)	[nɛ'apolʲ]
Nice	**Ніцца** (ж)	['nitsa]
Nova York	**Нью-Йорк** (ч)	[nju 'jɔrk]
Oslo	**Осло** (с)	['ɔslo]
Ottawa	**Оттава** (ж)	[ot'tawa]
Paris	**Париж** (ч)	[pa'rɨʒ]
Pequim	**Пекін** (ч)	[pɛ'kin]
Praga	**Прага** (ж)	['praɦa]
Rio de Janeiro	**Ріо-де-Жанейро** (с)	['rio dɛ ʒa'nɛjro]
Roma	**Рим** (ч)	[rɨm]
São Petersburgo	**Санкт-Петербург** (ч)	[sankt pɛtɛr'burɦ]
Seul	**Сеул** (ч)	[sɛ'ul]
Singapura	**Сінгапур** (ч)	[sinɦa'pur]
Sydney	**Сідней** (ч)	['sidnɛj]
Taipé	**Тайбей** (ч)	[taj'bɛj]
Tóquio	**Токіо** (с)	['tɔkio]
Toronto	**Торонто** (с)	[to'rɔnto]

Varsóvia	**Варшава** (ж)	[warˈʃawa]
Veneza	**Венеція** (ж)	[wɛˈnɛtsiʲa]
Viena	**Відень** (ч)	[ˈwidɛnʲ]
Washington	**Вашингтон** (ч)	[waʃinɦˈtɔn]
Xangai	**Шанхай** (ч)	[ʃanˈhaj]

www.ingramcontent.com/pod-product-compliance
Lightning Source LLC
Chambersburg PA
CBHW061441040426
42450CB00007B/1157
9781784009342